龍神覚醒術

医療法人愛香会 奥山医院 院長
奥山輝実

株式会社スピーディア 社長
並里武裕

三和書籍

はじめに

龍神覚醒できない人

①　喫煙&ジャンクフード愛好者……体の声が聞こえません。

②　肉食者……動物たちの集合意識から放たれている強い怨念を感じ取れません。

③　ジャンクセックス愛好者……宇宙の慈愛と感謝のエネルギーとは無縁です。

④　物欲・金銭欲・支配欲の亡者……三次元世界のままのほうが幸せです。

2020年末までに、己の龍神を覚醒できなければ、すでに開竅《かいきょう》した五次元世界を生きることはできません。

10分の1だけ
己の龍神を覚醒できる比率です。
さぁ　どうする？

内なる龍神の声が聞こえてくれれば、あなたも龍神覚醒人になれます。
２０１８年　世界文明の大変革が始まりました。
三次元から五次元へと、この世も地球も移行しました。
平和、経済、食品と農業、住まいと林業、医療と自然治癒力、自然エネルギー
新たな五次元の文明開化が始まりました。
それは密かに、静かに、着実に広がっています。
最近、空の色が違うことに気づいていますか？
水が甘くなったことに気づいていますか？
お日さまのエネルギーで、お腹いっぱいになる不思議な満腹感を楽しんでいますか？

天変地異が世界中で起こっています。

政治も、経済も、軍事も、食と健康も、愛にも、子供たちにも、太陰が極まった先に、まったく新しい陽の光が芽生えてきたのです。

物欲、金欲、食欲、支配欲、自利奪他の三次元文明が、共感力、直感力、包容力、わかちあい、慈愛と感謝の新たな五次元文明へと進化中です。

草木の緑が鮮やかになったことに気づいた子どもたちに、海と空の青さが際立ってきたことに気づいた若者たちに、夜空の星たちが元気になってきたのが嬉しくてたまらない老人たちに、新しい龍神文明での幸せな日々の暮らしと糧をプレゼントする天命を課せられた人々に今、龍神意識が覚醒しようとしています。


龍神とは何でしょうか?

龍神は、宇宙の波動エネルギーの集合体です。

時空を超越して、過去へでも、未来へでも、平行次元にでも、宇宙の端から端までも一瞬にして飛翔します。

私たちのこころの中も、魂の中も、龍神たちは自由に飛び回りながら、私たちの目覚めを待ってくれています。

龍神は神々の使徒です。神々と私たちの間を行ったり来たりしながら、主《あるじ》の命《めい》をこの世に具現化する天職を担っています。

龍神は主に従います。

三次元の世界では、「神―龍神―人間」だと誰もが信じてきました。

一部の特権階級たちだけが「神・人間―龍神」の真理を知り、使徒の龍神たちを用いて、この世を好きなように牛耳ってきました。

五次元世界では、誰もが「わたしは王」であることに気づきます。

気づけば、龍神たちの王＝龍王になれます。

龍神は五次元に生きています。三次元では冬眠したままです。

五次元では、誰もが己の龍神を従えています。

五次元で生きる人たちは、神々と朋友です。

私たちの内なる神々とともに、この五次元を生き、日々の生活を楽しみ、ともに笑いあいます。

「神々＝私たち」に仕えるのが龍神です。

神々は慈愛のエネルギー体です。

私たちの慈愛の波動を高めるには、どうしたら良いのでしょうか？

龍神も神々も、私たちの波動を高めてはくれません。

波動が高まるように、手を替え品を替えてさまざまな気づきをもたらしてくれますが、自分の波動を高めるのは自分にしかできません。

神々が私たちを目覚めさえてくれるのを待っていては、五次元には入れません。

自分で三次元をすべて脱ぎ捨てて、五次元に飛び込めば、たちどころに内なる龍神が覚醒します。

神々と朋友となる。

龍神の主となる。

龍神覚醒術は、とても簡単で、誰にでもできます。

もちろん、この本を手に取ることができたあなたの慈愛の波動も、すでに五次元とシンクロできています。

あとは実践あるのみです。


宇宙の波動も、慈愛のエネルギー体です。

ですから龍神は、愛に目覚め、愛と生き、愛を育みます。

愛のあるところに宿り、愛とともに輝きを増し、愛を楽しみます。

新しい五次元世界は、愛の世界です。慈愛と感謝が満ちあふれた世界です。

私たちの魂の根源である愛が目覚めるためには、まず私たちひとりひとりの中でまどろんでいる龍神たちを目覚めさせなければいけません。

五次元に移行した地球も宇宙もみんな、私たちが愛に目覚めた龍神を解き放つ時を待ってくれています。

そのタイムリミットは、あと2年……2020年の終わりに自分の龍神が目覚めていなければ、再び三次元世界で悠久の輪廻転生を繰り返します。

さぁ　今からあなたも自分の龍神を目覚めさせて、五次元世界を楽しみましょう。

目次

プロローグ

実録　龍神覚醒術

現代医学では原因も対処法も不明の病に苦しむうちに、内なる龍神の存在に気づいたことで病だけでなく、人生も大転換して「宇宙一の幸せ」を得られた患者さんの実録です。

⊙「私の中の龍と会う」

それは自分の守護神と繋がり、宇宙や神々とのチャネリング能力を開花させてくれます。

⊙龍神覚醒術　一日目

そこは……体も何もない、何も感じないところでした。「ここはどこですか？」と何もない宇宙に向かって尋ねてみました。

「ここは空・無の世界です」

「なぜ私はここに来たのですか？」

「あなたの空と無は、どういう感じかを体験して欲しかったからです」

空と無を感じてみると……それはただあるがままで満たされている感じで、とても落ち着きます。「なぜ私に空と無の世界を体験して欲しかったのですか？」

「そろそろそういう時期かな、と思いました」

「私にとって空と無の世界とは何ですか？」

「最高の安らぎです。至福。すべてが満たされている感覚です」

「なぜそれが今の私に必要なのですか？」

「この空と無の状態から、あらゆるものが生まれ出ることを知って欲しいと思いました。あなたにも今、このリラックスの力が必要だと思いました」

「私はこれからどうしたら、この空と無の世界に来られますか?」

「今の方法で来られますよ。あなたの脳は、ここにいると最高にリラックスできますから、心身魂が短時間で十分な休息を得られます」

「この空と無の世界は、私の病に効きますか?」

「あなたの体の中のすべてがリセットされますから、すべての細胞も活性化されるので効果はあります。ソマチッドも元気になりますよ」

「この空と無の世界の中にいる時に、注意したほうが良いことは何かありますか?」

「思考からはずれることです。あれこれいろいろと考えずに、リラックスした状態のほうがここに来やすいでしょう」

「この無と空の世界は、どんな病の人にでも効果はありますか?」

「個人差があって、個人の受け取り方によっても違ってきますが、効果は絶対にあるはずです。自分の中を空っぽにできますからね」

「この空と無の世界に来たい、と念じるだけで良いのですか？」

「そうです」

「空と無の世界さん、この世の人たちへ何かメッセージをください」

「私たちのところに辿り着きたくて、一生懸命に瞑想をしている人たちがいることを私たちは知っています。でも本来、私たちのところに来るのは、それほど難しいことではないはずです。いつでも、誰でも、私たちと繋がることができるはずです。あなたたちは無の世界に辿り着くのは難しいという固定観念に縛られていて、本当はすぐに来られるはずなのに、そういう先入観が邪魔をしているのだ、と思います。私たちは、あなたたちがこの地球で生きていく上で、みなさんの大きな力となれるはず、なれると思っています。でも、ここに来てくれないと、私たちはみなさんの力にはなれません。

私たちはみなさんから不安や心配事、ネガティブな思いを消したり、感情とこころをまっさらな状態にして、良いものを取り入れられるようにするお手伝いができますし、それをしたいと思っています。

ここには至福の安心感と安らぎが満ちています。本当は誰もが簡単に来られる場所なのです。みなさん、私たちの存在を知って、ここに来てみてください」

空と無の世界を漂いながら、やがてものすごく眩しいところに降り立ちました。あまりに眩しくて……金色の光が降ってきます。気がつくと、頭の上に金色の龍が乗っていました。だからこんなに眩しかったのです。金色の龍と渦を巻くように銀色の龍の姿が見えます。

「会いに来てくれてありがとう」と金色の龍が言いました。

「金色の龍さん、今、私の中でどうしていますか？」

2匹の龍が気持ちよさそうに泳いでいる姿が見えました。2匹は親子みたいです。銀色の龍は、右足の内側に傷が見えます。だから本当は、龍はひとりに1匹のはずなのですが、お母さんが手放していなかったのです。龍たちに話しかけても答えてくれません。

ちょっと困っていると、天空から観音さまの声が聞こえてきました。

「うまく龍とコミュニケーションがとれないのが問題なのですよ。あなたも自分の龍と対話できるようにならないとね」

「観音さま、なぜ私は自分の龍とうまく対話ができないのでしょうか?」

「あなたがこれまで自分の中に龍がいることを認識していなかったからです」

「なぜ私は自分の中に龍がいることを認識できなかったのですか?」

「龍の存在を知る機会がなかったからです。でも今、あなたは、あなたの中にいる龍に出会って、こうやって実際に対面できたことを龍はとても喜んでいます。さぁ もう一度、お話してみてください」

金色の龍さんに話しかけると、金色の龍さんが答えてくれました。

「あなたの中は、今まですごく居心地が悪かったのですが、ここ最近はすごく良くなりましたよ。上から下まで自由に動きやすくなっています。私には傷ついた銀龍がいるのですが、この子の傷が治るためにも、今の環境は良くなってきました。

龍は泳ぎ続けることでエネルギーを高めていきます。流れが滞った場所があると、そこから先には泳いでいけないので、私の力も淀んでしまうのです。

あなたが今日、こうして私に会いに来てくれて本当に良かったです。こうやってお話することができて、とてもうれしいです」

「金龍さん、私の中で暴れ狂っている龍は、どうしたら静まりますか?」

「それは私が暴れ狂っているということですか?」

「あなたたちの他にも、私の中に龍がいるのですか?」

「黒い龍が1匹います。その黒い龍の動きは荒いので、それをあなたは感じているのかもしれません」

「黒い龍とは何ですか?」

「ずいぶん前から、あなたの中には黒い龍がいました。黒い龍は、あなたの龍の通り道が傷んで塞がっていて、私たちが自由に動けなかった時に一生懸命に働いてくれました。塞がっていたあなたの龍の通り道を、まるでブルドーザーのように黒い龍の力で道を作ってくれたのです。だから、黒い龍は悪い龍ではありません。そのおかげで、今、この真っ直ぐな龍の通り道があなたの中にもできたのです。

あの黒い龍は、龍の通り道がすべてきれいに繋がれば、自分から出ていくようです。

あの黒い龍は、龍の神さまがあなたの中に入れてくれた龍です。だから、この黒い龍が道を作る時に、かなり大きな動きをしていたので、それをあなたは暴れ狂っていたように感じたのかもしれません」

「金龍さん、龍の主《あるじ》になるには、どうしたら良いのでしょうか？」

「私の主はあなたです。今までうまくコミュニケーションが取れていませんでしたが、あなたのために何かしたいとずっと思っていました。何をしたら良いのか、わかりませんでしたが、これからはあなたが私に指示をくれれば、私はあなたの龍としての役目を果たすことができます。喜んで働きます」

観音さまがおっしゃいました。「金龍さんへ何を命じますか？」

「私の症状を取ってください」

金龍は答えました。「わかりました。その方向で動きます。私に任せてください」

「傷ついている銀龍さんは、どうするのですか?」

「この子は今、あなたの中をグルグル廻っています。そうすることで自然に傷が治りますから心配要りません。治った後、この子は出ていくかもしれませんし、一緒にいるかもしれませんが、一緒にいても問題になることはありませんので安心してください」

「金龍さん、私の中には何匹の龍がいるのですか?」

「今は3匹ですが、もうじき黒い龍は出ていくと思います」

「普通の人には何匹の龍がいるのですか?」

「一般的には1匹です。この黒い龍のように、手伝いが必要な人には、一時的に何匹かの龍が入ることもあります。

悪い龍はいません。でも本来、理想的な姿は、ひとりの中に1匹の龍が泳いでいる姿です。滞りなくスムーズに泳いでいるのが理想的な姿です」

「金龍さんは、私の中にいつから居るのですか?」

「あなたが生まれてからずっとです」

「私の今生では、ずっと金龍のあなたがいてくれるのですか？」

「あなたが死ぬまでずっといます」

「私が死んだら、金龍さんはどうなるのですか？」

「龍の世界へ帰ります」

「龍の世界はどこにあるのですか？」

「雲の上です。観音さまの雲の上の世界のようなところです」

「龍の色に何か意味はあるのですか？」

「いろいろな色がありますが、地球の人たちの肌の色が違うように、龍の色もそれぞれ違うだけです。黒い龍だけは特別で、今、あなたの中に入っていますが、その人が本来持っている龍だけで対処できない時に、特別にサポートする目的で入ってくるのが黒い龍です」

「金龍さん、私を龍の世界へ連れて行ってください」

「いいですよ。行きましょう！」

そのまま雲の上の龍の世界へと……そこはものすごく眩しくて、とてもたくさんの色とりどりの龍たちが自由に、楽しそうに泳いでいて……すごく感動的なワンダーランドでした。みんなが温かく迎えてくれています。喜びの舞を舞ってくれています。

「ここに住みたいなぁ」と言うと、観音さまがおっしゃいました。

「龍は人間が大好きなのです。龍を怖がる人もいますが、龍たちはみんな優しくて、人間が大好きなのに、どうして一部の人は龍を嫌がるのでしょうか？　それが悲しいです」

「観音さま、私はここに住めますか？」

「あなたが新しい世界に完全に入れば住めます。新しい世界とは、ここのことですから」

「どうしたら私は完全に、この新しい世界に入れますか？」

「もうあと一歩なのですが、何かどこかで自分の世界を変えるのを怖がっているのでしょう」

「私はもう怖くはないのですが……。私はこの龍の世界のどこに住めば良いのですか？」

竜宮城の中に……癒しの空間があって……竜宮城のような家が見えました。かわいらしい家具が揃っています。

「金龍さん、龍たちの中で、医術に長けた龍はいますか？」

「聞いたことはありませんね」

「金龍さん、今の私の病を見て、どう思いますか？」

「地球の人間にしては変な体だ、と思っていました。私もなぜこんな体に入っちゃったのだろう、と最初は思っていましたが、前に比べたら今はだいぶ良くなっています。だから、だんだんと良くなっていくだろう、と思っています」

「金龍さん、龍の世界に、一番偉い龍さんは、いらっしゃるのですか？」

「いますよ」

「会わせてください」

「いいですよ」

一番偉い龍は、すごく眩しくて、白く大きな龍でした。龍の王です。龍の王がすっぽりと体を包んでくれました。すると、黒い龍が出ていって、銀龍の傷も治ってしまいました。素晴らしい治癒力です。

「あなたはどうしたいですか？」と銀龍に龍王が尋ねました。

「ここにいます」

「では、2匹でこの体をしっかりと守りなさい」

そして龍王が言いました。「あなたの龍がちゃんとあなたを守りますから大丈夫です。龍を信用してください」

龍王がこの世の人たちへもメッセージをくれました。

「新しい世界は、龍と共存していく世界です。あなたのまわりに普通に龍が存在して、あなたに叡智をもたらしながら、一緒に暮らしていくことができます。

そんな眩しい世界を体験してみたくはありませんか？　私たち龍はみんな、準備万端であなたたちが来てくれるのを待っています。

今までは、考えもつかなかった世界です。龍も人間もお互いに手を取りあって、素晴らしい世界を作り上げていきましょう」

「龍王さん、どうしたらこの龍の王国へ来られますか？」

「あなたたちが本来のまっさらな姿になることです。欲を捨てて、自分自身に正直になることです。自分の中を愛で満たすことで、私たちの龍の世界へと入ってくることができます」

「龍王さん、この世の病の人たちへもメッセージをください」

「あなたの中にいる龍を目覚めさせることで、あなたの病を治す手助けを龍は喜んでします。そのためには、あなたが自分の中の龍に気づき、対話できる状態にならないといけません。あなたが自分の中の龍と向き合えたならば、龍は主であるあなたの望み通りに動くことができます」

観音さまもこの世の病の人たちへ語ってくださいました。「自分の中から病の原因となっている毒をすべて出すことは、並大抵なことではありません。排毒とひと言で言いますが、その毒にもさまざまな種類があり、自分の意識外のところにも蓄積していることが多くあります。自分の中に蓄積している毒は、自分が隠してしまったものが多くあります。無意識のうちに自分で隠して、もう思い出さないように、自分で閉じ込めてしまうのです。そして、その閉じ込めたこと自体を、記憶から封印してしまうのです。それでは、もうなかったことになってしまいますね。そうすると、引き出すことが困難になってしまい、その閉じ込めたものは、ずっと闇の中で叫び続けるようになります。届かない声で叫び続けるようになります。

聞こえないからと言って、よしとしないでください。あなたの病の源は、そういうところにあることが多いのです。目に見えないもの、聞こえてこない声を感じ取る力、それらはあなたの自分自身に対する愛の力でもあります。自分への愛を取り戻さなければ、その声に耳を傾けることはできません。

闇を前にして闇に向き合うことは、あなたの闇の部分と同時に、自分自身の愛にも向き合うことなのです」

龍王さんがプレゼントをくれました。それはミニチュアの龍王さんでした。「これをあなたの中に入れておいてください」

「どうやれば、私の中に入れることができますか？」

「飲めばいいですよ」

飲み込むと……、よくわかりませんが、「これで大丈夫だ」という気になりました。

金龍さんが言いました。「龍王さんが一緒に来てくれたから、もう安心ですね。今はまだ小さい龍ですが、数日すれば、私のように大きな龍になります。あなたの中には3匹の龍がいることになりますよ。龍王がいるから、もう大丈夫です」

観音さまもおっしゃいました。「自分の龍と対話できて良かったです。自分の中にいる龍とあなたは、きちんと同じ方向を向いていなければいけません。そうでないと、あなたの中で勝手に龍が動き出して、それをあなたが苦しみとして感じてしまうことがあるからです。今までのあなたはそうだったのだ、と思います。これからは、龍はあなたの強い味方となってくれます。良かったです」

⊙龍神覚醒術　二日目

眩しい光の世界に導かれて、白い龍王と会いました。

「あなたが昨日、飲んだ私の分身は、少し大きくなったみたいですね。三匹の龍たちが適度の距離を保ちながら、あなたの中で泳いでいます。みんな、とても幸せそうです」

金龍も言いました。「あなたの上から下まで気持ちよく流れていますが、所々、冷たいところが残っています。その冷たいところがなくなれば、あなたの体も良くなるはずだ、と思っています」

白い龍王に尋ねました。「私の体の悪いところは、どうしてこんなに冷たいのですか?」

「流れが滞っていたところが特に冷たいのです。滞っていたところには、いろいろな体に不要のものが溜まりやすくなります。それらが排泄されないと、その部分に熱が届かなくなるので冷たくなってしまうのです」

「白い龍王さん、私の冷たいところは、どうしたら治りますか?」

「今、あなたの中にいる龍たちが、冷たいところを他の部分と同じくらい温かくなるように働いてくれていますから、時間とともに良くなるはずです。龍の温める力はすごいですよ。龍の体は、すべて愛の光でできていますから、龍がいるだけで、泳いでいるだけで、熱を行き渡らせることができます」

「私の中の龍に、すべてを任せておけば良いのですね」

「そう、任せておけば良いのです。私の分身もちゃんとあなたの中に入っていますから、あなたは大船に乗った気持ちでいてください。心配したり、不安になったりするかもしれませんが、それがあなたの体を冷やす素となるので、そういう思いが襲ってきたら、常に流し去るようにしてください」

「白い龍王さん、私の中の龍の通り道には、もう障害は残っていないのでしょうか？」

「冷えているところはありますが、龍の通り道には問題はありません」

「龍王さん、私がこの病と向き合うためのアドバイスをください」

「あなたは地球人の体とは少し違っているから、こんなふうな症状が出るのです。宇宙人から地球人になった人たちは、多かれ少なかれそういう症状に悩まされているのではないでしょうか」

「龍王さん、宇宙人にも龍が一匹ずつついているのですか?」

「宇宙人には、ついていません」

「なぜ必要ないのですか?」

「宇宙人には、もう龍のサポートは必要ないからです。地球人には、龍のサポートが必要なのです」

「地底人にも龍はついていますか?」

「地底人と龍は共存しているので、体の中には入っていませんが、一緒に暮らしています。地底の妖精たちと同じように、龍も地底を自由に駆け回っています。地底人には、もう私たち龍の姿が見えていますし、話もできます。ですから、地底の世界は本当に美しいのですよ」

「白い龍王さん、地球の人たちへ何かメッセージをください」

「昨日も言いましたが、私たち龍は、あなたたちを新しい世界へと迎える準備をすべて整えて、あなたたちを迎えに来ています。どの龍も歓喜に満ちた舞を披露しています。ひとりでも多くの人と、この喜びを分かち合いたいと願っています。私たちの願いは、あなたたちと新しい世界で共存していくことです。

ひとりでも多くの人に私たちの存在を知ってもらって、皆さんの幸せに満ちた人生の一助になりたい、と願っています」

「龍王さん、龍にとって愛とは何ですか?」

「平和、喜び、感謝、和」

「龍にとって幸せとは何ですか?」

「泳ぎ続けることです。絶え間なく変化、進化し続けることです。変化を恐れてはいけません。変化し続けることで、すべてのものが進化できるのです。そうすることで真理に近づくことができます」

「どうして龍は、そんなに眩しいのですか?」

「私たち龍は、光でできているからです。あなたにこの光を受け取って欲しいので、今はさらに強い光を放出しています」

「人間が龍の強い光を浴びると、どうなりますか?」

「とてつもない癒やしをもたらす力があります。人間だけでなく、すべての生命体の傷を癒やし、体を元気にします」

「人間のさまざまな病も良くなりますか?」

「良くなりますが、龍に悪いイメージを持っている人には、恐らく効かないと思います」

「龍の光は、どんな人に最もよく効きますか?」

「どんな人たちにも効きます。今までの経験から言えば、こころの病の人たちには、特に効果が出やすいでしょう」

「龍王さん、この世の病で苦しんでいる人たちへメッセージをください」

「病気をあなたから切り離して考えてはいけません。病気はあなたの一部であり、あなたそのものです。だから、病気を治す方法はひとつとは限りません。人それぞれに適した方法があるのです。標準とされている治療方法を鵜呑みにするのではなく、自分の病の声を聞いてください。自分の病の本質がわかれば、自分に必要な治療方法がわかってきます。それは突拍子もないことかもしれませんし、世の中の常識からかけ離れたことかもしれませんが、あなたの病に効けば良いのです。それが一番なのです。あなたの病の治し方は、あなたしかわかりません。しっかりと、そのもうひとりの自分の声を聞くことが大切です」

「龍王さん、人間関係で悩んでいる人たちへ何かメッセージをください」

「自分本位で生きましょう。自分本位と言うと語弊がありますが、自分をまず一番に考えましょう、という意味です。

人間関係の悩みは、あなたが寄り添いすぎることから起こる場合がよくあります。あなたが自分のことよりも、相手のことに意識を向け過ぎると、自分がないがしろになってしまいます。自分のことをまず一番に置きましょう」

観音さまが天から降りてきて、おっしゃいました。

「龍王さんは、かなり饒舌ですね。話したいことがいっぱいあって、あなたにポンと大きな情報の詰まったエネルギーの塊を落としてくるので、あなたはそれをキャッチするのが大変かもしれませんが、がんばって言葉にしてあげてください。龍は今、あなたたちの一番身近にいる存在ですから、その声をしっかりと聞いてもらいたい、と思います」

「観音さま、私は順調に回復しているのでしょうか？」

「悪くなってはいません。ゆるやかなカーブではありますが、良くなっていますよ」

「観音さま、ガンとは一体何ですか？」

「ガンは人々に学んでもらうためのものです。気づきをもたらしてくれるものです。決して怖いものではありません。怖いと思う、その恐怖心がガンの力を強めて、死に至らしめる病に変わっていくのです。ガンは悪ではありません。人々の中の愛の欠落からガンは発生します」

「観音さま、ガンはどうしたら治りますか？」

「愛を増やすことです。自分に対する愛と、他者に対する愛を増やせば、光を受けとれるようになります。その光でガンは癒されます」

「観音さま、この世のガンの人たちへメッセージをください」

「まずは愛と感謝です。ガンはあなたを苦しめようと思って出てきたわけではありません。あなたに気づいて欲しくて、ちょっと立ち止まって欲しくて、あなたに何か向き合うものがあることを知らせるために、ガンとして出てきたのです。

自分を愛すること。

他人を愛すること。

今までの人生に感謝すること。

そういう思いを持てた時に、あなたの中で気づきが起こります。そうすればガンを消してしまうことも、共存していくこともできます。ガンを恐れないで、ガンをもうひとりの自分だと思って、受けとめてください」

観音さまが、この世のすべてのガンの集合意識体を呼び出してくださいました。

ガンの集合意識体が語りました。

「ガンは学びの場です。ガンは学びの機会を人々に与えています。そこから何をどう学ぶかは、あなた次第です。ガンに打ち勝つことだけが、正しい学びではありません。ガンによって死ぬことも、魂の中では大きな学びになります。ガンは人々を殺す目的で発生するのではないことを知っておいてください」

「観音さまからも、人間関係で悩んでいる人たちへ何かメッセージをください」

「今、この世界では、人間関係で悩むのは当然のことです。人間の持ついろいろな良くない感情が出やすくなっていますし、その出方も強くなっているので、人と人の関係が作りにくく、悪化しやすい状態にあります。でも、それはこの時代の変化に伴うもので、仕方ないものなのです。

だから、あなたが悪いわけではありません。自分をあまり責めずに、自分を変えるようにしましょう。あなたの居場所を変えるのです。今までの古い世界から新しい世界へ移行する時なのです。そうすれば、あなたの悩みは、すべて消えてしまうことでしょう」

⊙龍神覚醒術　三日目

「観音さま、まず私の病についてメッセージをください」

「あなたの病は、あなたとパートナーのふたりで決めてきたことですよ。ふたりの共同作業として選んで来たことを忘れてしまっているのでしょう。難しいことに挑戦しようと決めて、今回、地球に来ましたよね。大丈夫になるように決まっていますから、私たちは心配していませんよ」

龍王さんが言いました。

「あなたの中にいる3匹の龍たちの中の銀龍も大きくなって、今ではとても頼もしい味方になってくれています。だから自分の龍たちを全面的に信じて、すべてを任せてください。あなたが安らいでいる時が一番、龍たちは仕事をしやすいのです。難しいかもしれませんが、自分に安らいでいてください」

「龍王さん、世の中の人たちが自分の龍とうまくつきあっていくためには、どうすればよいですか？」

「龍を信頼して、すべてをゆだねることです。龍はあなたのすべてを知っています。何も龍に隠すことはできませんし、隠す必要もありません。龍はあなたのすべてを愛しています。この世で一番のあなたの味方です」

「龍王さん、どうしたらこの世の人たちは、まだ眠っている自分の龍を覚醒させることができますか?」

「思い出してくれさえすればよいのです。ひとりひとりの中に龍がいることを知ってくれればよいのです。それだけで、龍を眠りから目覚めさせることができます。眠っている龍は、自分が眠っていることに気づいていません。ですから主であるあなたが気づいて起こしてくれなければ、龍は一生、あなたの中で眠ったままでその生を終えてしまいます。あなたが龍の存在に気づくことからすべてが始まります」

「観音さま、この世の病の人たちへメッセージをください」

「病の症状のあり方が以前と比べて重くなってきました。それは人々に気づいてほしいからです。感覚を研ぎ澄まして、この地球の変化を感じとってもらいたいと、人々に前よりももっと変化を感じる力を与えています。ですから、ちょっとしたカゼやいつもならあまり気にしない軽い病気でも、前よりも体がつらく感じる人が多くなってきたのではないかと思います。

それは、今まで以上に新たな自分自身に向きあってほしいという神からの願いが込められています。自分の体に向きあうこと、自分を見つめ直すことは、新しい自分に生まれ変わるためには、とても大切なことです。

今、病で苦しんでいる人たちの多くは、神から選ばれた人たちです。その分、とてつもない苦しみを味わっていますが、それを乗り越えた時には、あなたの大きな力となります。決してあきらめないでください」

「観音さま、私もそのひとりですか?」

「もちろん、そうですよ」

「だから私の病はなかなか治らないのですか?」

「そうです。なかなか治りにくいように計画して来たところもありますが、そのほうがその後の喜びや幸せを他の人の何十倍も感じられると思ったからです」

観音さまがこの世の病の人たちへ向けて語ってくださいました。

「病は人々に大きな学びを与えてくれるものです。どんなに小さく軽い病でも、意識さえすれば、その病がもたらす学びに気づくことができます。

病から得られる人生経験は、本人だけでなく、その人に関わる家族、友人知人にまで及びます。病を乗り越えることは、単なる人生経験ではなく、あなたの魂をひとつ上の段階に磨き上げることにも繋がります。そういう思いで病に向き合うと、あなたの中で病と戦う力が増幅して、体内の免疫力も高まります。自分の免疫力が何よりも大切な力です。その力は時に西洋医学で用いられる治療法を超えることが多々あります。病の克服には、自然治癒力を高めることが一番です」

「観音さま、この世の愛に飢えている人たちへもメッセージをください」

「私たちがこんなに愛しているのに、どうして愛に飢えている人がいるのでしょうか？

みんな、十分に愛されているのですよ。ひとりひとりが宇宙の大きな愛に包まれています。それに気づかないだけなのですよ。

私たちの愛は、外側ではなくて、その人の中の奥深くに送っているので、その人が外からの愛を求めている限り、私たちの愛を受け取ることはできません。外からの愛ではなく、私たちの愛は、その人自身の奥深くにあるものなのです。それを蓋で閉じないで、その蓋を開ければ、自分の中から私たちが送り続けている愛があふれ出してくるはずなのに、その蓋を閉じてしまっていることが多いのです。

自分の中から湧き出してくる愛ではなく外からの愛を求めるので、愛に飢えた感じになるのです。そのことに気づいてくれれば、みんな満たされて幸せになります」

「龍王さま、この世の人たちへ愛について語ってください」

「愛は本来、みなさんが持って生まれてきたものです。みなさんが生まれる時には、自分の中の愛のタンクを満タンにして生まれてきます。ですが、いつの間にか、そのタンクの存在を忘れてしまったり、蛇口を閉めきってしまったりして、みなさんの中から愛を出すことをやめてしまっている人たちがたくさんいます。それは私たちから見て、とても悲しくさみしいことです。こんなに愛を持って生まれてきたのに、自分の中の愛を止めてしまったら、自分も苦しくなります。人との関係もうまくいきません。そして、そのまま歳を取って死んでしまうことほど、悲しいことはありません。

あなたたちは生まれた時に、無限の光の愛をあなたたちの胸の中に持って生まれています。それを生きていく中で人に分け与えて、自分の外の世界も、中の世界も愛で満たしたくて地球に生まれてきているのに、それを忘れてしまっている人があまりにも多くて残念です。

頭で考えると、難しくてわかりにくいかもしれませんが、私たちの願いはただひとつ、みなさんが自分が愛の塊でいっぱいだということを思い出して欲しいのです」

宇宙の神さまも降りて来て、宇宙の愛について語ってくださいました。

「宇宙の愛は、どんな病も、どんな問題もすべて解決する力を持っています。その宇宙の愛で、いつも地球の人々を包み込んでいます。愛に守られていることをひとりでも多くの人たちに感じて欲しいのです」

「どうしたら宇宙の愛に守られていることを感じることができますか？」

「まずは自分の中の愛に気づいてください」

観音さまが続けて語ってくださいました。

「この世で行き着くところは愛なのです。愛を知るために、愛を経験するために、みんな、地球に生まれてくるのです。経験するのは、究極、愛なのです。それだけで十分なのです。薄っぺらい愛ではなく、愛の本質に少し考えてみてください」

「観音さま、この世の生きがいを見失ってしまった人たちへもメッセージをください」

「あなたたちがこの世に生きていることだけで、私たちはうれしいのです。生きていること、そのものがあなたの価値であり、十分すぎるほどの幸福を私たちにもたらしています。生きていること自体がすばらしい価値のあることなのです。好きなことを、やりたいことをやって笑っていてくれるだけで、それだけで十分なのです。

あなたが自分のやりたいことをしているうちに、あなた自身の中にも幸福感や充実感が満たされるような気持ちが湧いてきて、それがあなたたちが言う『生きがい』に繋がっていくのです」

「観音さま、この世の不幸な人たちへメッセージをください」

「不幸とは何ですか？　幸せとは何ですか？

不幸も幸せもあなたたちが自分の判断で勝手に決めたことでしょう。

私たちは、そもそも不幸をあなたたちに与えていません。

不幸はあなたの中で、あなたのこころが作り出した幻覚に過ぎません。

不幸とは、何かと比べた時に、自分の中で判断して、感じてしまうものです。

社会の基準と比べたり、そういう物差しを使って判断して、導き出された結果です」

「観音さま、どうしたら不幸を手放せますか？」

「自分が愛の光と繋がって愛に満たされている人には、不幸という概念は存在しません。あまりにも不幸を感じている人が多いことを知って、私たちはとてもいたたまれなくなっています。とても悲しくてやりきれない気持ちです。このテーマは、あなたたちと永遠に話し続けることができます。みなさんで、よく考えてみてください」

第一章

龍神覚醒人の金銭術

龍神覚醒した人は、お金を大切にします。

闇に飲み込まれて終焉した資本主義時代のように、自分で取り込んだり、株主を喜ばせるためや社内資産を膨らませるだけには使いません。

龍神覚醒人は、お金を通じてドン底を経験してきています。

地獄でお金の魔力に翻弄されて、凄惨な貧困に苦しみもがいてきたことのある龍神覚醒人は、お金の本当の活かし方をよく知っています。

お金はパワーだ！

お金パワーがあおる煩悩や我欲、エゴがある限り、お金は心身魂の毒となります。地獄のようなドン底で龍神さまから学ぶのは、お金は感謝だ、ということです。うれしい、楽しい、わくわくする感謝のエネルギーをお金に注げば、この世に次々と笑顔と喜びの花が咲くことを知っています。

お金は回せば回すほど、波動が高まり光輝きます。

お金のパス回しを止めてひとりで抱え込むと、自分も家族も会社も社会もすべての運気が低迷し、病となり、愛を失い、底なしの暗黒へ落ちることも知っています。お金の神力を使いこなし、悪魔の妖艶さに惑わされなくなって初めて、龍神が覚醒し、己に宿ってくれます。

そんな龍神覚醒人は、お金を自己投資します。勉強や体験にアグレッシブに臨みます。勉強と体験は、その時には役立たなかったり、波動が合わなくて長続きしないこともよくあります。しかし、いずれ必ず役立つ時が来ることを、波瀾万丈な自分の人生経験の中でよくわかっているので、龍神覚醒人はたとえ失敗しても頓挫しても平気です。どんな勉強も体験も、一点に引き寄せられるように収束してくる「その時」というものがあることをよく知っているからです。

私の20代、30代の勤務医時代の話です。

上司に疎まれて週1回の関連病院でのバイト先が脳外科ではなく精神科病院でした。同期の仲間たちはみんな脳外科の第一線病院でどんどん手術の腕を磨いていきますが、私が担当した精神病院には……手術はありませんでした。

脳外科外来を開いていても、精神科が主体の病院ですから、普通の患者さんは受診しません。時々、精神科病棟やアルコール中毒専門病棟から不定愁訴で受診されたり往診を依頼されるだけでした。

精神科入院患者さんたちの脳CT写真の所見付けも暇つぶしの仕事でしたが、ある時、精神科入院患者さんたちの中に、脳室の拡大した正常圧水頭症のCT所見が多いことに気づきました。そこは精神病院でしたが立派な手術室があって、なぜか脳外科の手術道具も揃っていました。そこで正常圧水頭症のCT所見がはっきりしている患者さんを脳外科的に診察して、髄液の流れを見る検査を行い、正常圧水頭症だと診断できた患者さんたちに髄液のシャント術を行いました。

向精神薬を大量&長期に服用していた患者さんたちには、手術の効果はあまり認められませんでしたが、中には精神症状が完全に消えて退院できた患者さんもおられました。

今から思えば、向精神薬が脳萎縮を引き起こす恐ろしさを間近に見たわけで、その30年前の体験が、今の自然医学にしっかりと繋がっています。

精神科の先生方は、どのような人種なのか?

精神病院の中では、何が行われているのか?

精神科の閉鎖病棟とは、どんなところなのか?

精神科の本音と建て前とは?

よろず診療科で開業した時にも、この精神病院での勤務体験は大いに役立ちましたが、まさに今、自然医学で患者さんの病と向き合っていく中で、この精神病院での勤務体験が自然医学の知識と感性を深く広く掘り下げてくれていて、あの頃の自分にとても感謝しています。


人生に起こるすべての出来事に意味があります。それは学びであったり、後の試練を乗り切るための経験であったり、人生と魂の波動を高めるための跳び箱であったりします。どんなに理不尽であっても無理難題であっても、その時に出せる全力で真正面からぶつかっていけば、必ず何かを得られます。失敗でも、大損でも、別離でも構いません。学ぶということはそういうことなのですから。

龍神覚醒人は、そんな学びの達人です。失敗談を語らせたらキリがありません。互いの失敗談に大笑いしながら盛り上がります。そこには嫉妬も卑下も優劣もありません。

数百億円の損失を返済したからすごい！

5回倒産したが復活できたからすごい！

もちろん、資産数十億円だからすごい！　もありません。

何を学んできたのか？

どんな気づきを得てきたのか？

どれくらい波動が高いのか？

龍神覚醒した人たちの興味はそこにあります。学びと気づきと波動を得るために、お金を使うのが龍神覚醒人です。

龍神覚醒すると、お金の本質が見えてきます。お金の本質は感謝です。古い世界では見失われていた感謝が、新しい龍神世界では蘇ります。

古い世界のお金は、物欲、食欲、支配欲、愛欲の物差しになっていました。モノの値段、人の値段、労働の値段……すべてに値段があり、値段で価値が判定されていました。値段は単なる数字です。その数字の多い少ないでの価値判定が共有されていました。

いつしか錬金術のように数字から数字が生み出されるようになり、感謝も悦びも笑顔もお金に宿ることができなくなってしまいました。紙幣印刷権を国家が取り戻すための切り札として登場した仮想通貨も、すぐに人間の深い欲に飲み込まれてデジタル数字の闇に沈んでしまいました（もちろん仮想通貨は、光の世界では不死鳥の如く蘇ってきます）。

古い世界では、物欲を極めれば虚しさに、食欲を極めれば病に、支配欲を極めれば孤独に、愛欲を極めれば失望に行き着くことが、古《いにしえ》より繰り返されてきました。世界を手中に入れた皇帝ですら、肉体的にも精神的にもスピリチュアルにも満足を得ることができないまま寂しく死んでいきました。

感謝も慈愛も幸福も波動です。目に見えず、耳に聞こえず、舌で味わえず、形にできず、触れることのできない波動ですが、古よりずっとこの世のどこにでも、確かに有るのが感謝と慈愛と幸福の波動です。皇帝には得られなかったものを、貧しい庶民たちも、心身の障害者とその家族たちも、みんな持っていたのが感謝と慈愛と幸福でした。宗教の教祖たちを悟りに導いたのも、多くの奇跡を起こしたのも、この波動でした。

死は誰にでも訪れます。その死を最も恐れたのはすべての欲を叶えた皇帝でした。この世のすべてのお金を死神に捧げた皇帝でさえ死を免れることはできず、恐怖と不安の中で死んでいきました。

お金はなかったけれども感謝と慈愛と幸福感で満たされた庶民は、たとえ道ばたで死を迎えたとしても、ひどい苦痛にさいなまれる病であったとしても、恐怖も不安もないままに魂の通過点である死を通り過ぎることができました。感謝と慈愛と幸福な波動に気づけば、死はすべての終わりではないことがわかります。

死んだらお金は持っていけないと言いますが、お金が本来の感謝と慈愛と幸せの波動の基軸通貨になれば、死を通り抜けても、魂と一緒にお金の波動を次の人生の学びと気づきの糧とすることができます。

欲を満たすためのお金は、死ねば終わりの死に金です。感謝と慈愛と幸せの波動に満ちたお金は、永遠の活き金です。

死に金は動きません。動こうとしないので金運も金脈も詰まります。重症の便秘のように絶えず下剤を飲んだり浣腸しなければ、腸閉塞になって死んでしまいます。このお金の下剤と浣腸が金融工学でした。株や相場、ローン、ファンド……どんどん強力な下剤と浣腸が生み出されてきましたが、腸閉塞の緊急手術の頻度も増えてきました。そしてとうとう手術不可能に……経済の破綻、資本主義の終焉を迎えてしまいました。死に金がお腹の中で腐ってしまったのです。

龍神の宿る美しき波動に満ちた活き金は、絶えず気持ちよく人から人へと循環していきます。困っている人、がんばっている人へは、大きなうねりとなって流れていくのが天地自然のお金の理《ことわり》です。

龍神覚醒人は、そんな天地自然の理を熟知しているので、活き金を回すのが得意です。

長島茂雄選手のような華麗な球さばきで、活き金を次から次へと回していきます。回せば回すほど自分の波動も相手の波動も高まります。感謝と慈愛と幸せな人が活き金を持って、ますます集まってきます。こうやって感謝と慈愛と笑顔に満ちあふれた龍神社会が育まれていきます。

金欲は死に金を追い求めます。お金への執着が強ければ強いほど死に金に翻弄《ほんろう》されます。活き金を回す喜びを覚えると、お金への執着はなくなります。必要な時に必要な額だけお金が巡ってくることを実感してしまうと、焦りも不安も苛立ちもなくなってしまいます。

活き金は笑顔に集まってきます。幸運も善き縁も笑顔に集まってきます。

眉間に縦シワでは、活き金を抱えた幸運の女神さまはスルーして逃げてしまいます。

なすがままに、あるがままに、宇宙とともに生きる。

龍神覚醒人は、お金の根源は宇宙にあることをよく知っています。

宇宙を活かし元気にすれば、自然とお金は巡ってきます。

その宇宙にフォーカスすることが龍神覚醒人の務めなのです。

●華僑だった過去生からの学び

「最もお金持ちだった過去生へ」の誘導で、ある金融業の社長さんの変性意識の中に見えてきたのは、ある華僑の人生でした。

祖父の代から香港で「よろず商店」を営んでいる両親の三男に生まれました。祖父母も両親も朝から晩まで休みなく働きづめで、人混みで埃が舞い上がる事務所の籠の中で幼少期を過ごしました。世話をしてくれたのは奴婢の童女でした。童女が買ってきた乳を貪るように飲んだ記憶が一生つきまといました。時には祖父が乳の中に商品の白い粉を入れることもありました。父母は見て見ぬふりです。吐けば童女が殴り飛ばされます。

「この味を覚えないと生きていけないぞ」

そう怒鳴る祖父への恐怖とともに乳を飲み込んだ記憶が、彼の魂の奥深くに刻まれました。兄2人、姉1人がこうして祖父に殺されたことを知ったのは、少年になってからでした。

商売に必要な読み書きと計算だけは、しっかりと叩き込まれた少年期、父の代になって異国との商売に必要だからとロシア語、日本語、シャム語も学ばされた青年期を生き抜いて、父の突然死から32才で商店を継ぎました。

父は阿片と武器の商いに力を注いで、香港の5本の指に入るまでに商店を広げました。政財界や警察とのパイプも揺るぎないものに育て上げました。

「父の権力が欲しかっただけだ」

32才の彼はロシアの美人刺客を使って、父の全てを手に入れました。刻んだ父の亡骸は、奴婢たちの肉屋に売って臓物鍋にしました。

「この世は金だ、金だ、金だ！　の人生の終末に、自ら肉代となれば本望だろう」と吐き捨てました。年老いた母は翌日、自ら命を絶ちました。もちろん葬式など出しません。何十万回「無駄金を使うな！」と、あの母に殴られてきたことでしょう。

母が死んだ夜、夢の中に深紅の龍神が現れて言いました。

「さぁ　どうする？」

あなたなら、どうしますか？

「せっかく面白くなってきたこの人生だ。行き着くところまで行ってやる！」

そう答えると、龍神はクルクルと円陣を描きながら、虚空へと消えていきました。

「金が金を連れてくる」

投資には即断即決で全財産すら賭けますが、何も返ってこない金は絶対に出さない冷酷さが、彼を時代の寵児へと押し上げていきました。徹底した拝金主義の彼には、金の魑魅魍魎《ちみもうりょう》たちが世界中から集まってきて、金を預けていきます。いつしか彼は、世界的な裏金融の担い手になっていました。

列強の植民地政策が露わになってくると、彼は人身売買を始め、これが大ヒットしました。東洋人やアフリカ人の奴隷だけではありません。西洋人と中東人の老若男女をも、奴隷として売買するネットワークを作り上げました。

「金は力だ、金は城だ、金は神だ」この頃の彼の口癖です。自利奪他がこの世の正義でした。奪われる者、騙される者が悪かったのです。彼は未だかつて誰ひとりとして信用したことがありませんでした。彼にとっての信用とは契約書のことでした。

信用すれば裏切られます。悪魔のような彼も、若い頃は裏切られたことがありました。その都度、彼は冷静冷酷に裏切りを分析しました。そして彼の到達した結論は「恐怖で裏切りをなくす」でした。彼は裏切り者を徹底的に弾圧しました。見せしめとして大衆の面前でむごたらしく殺しました。裏切り者だけでなく、その家族はもちろんのこと、親族の赤子まで惨殺して見せました。政治家も警察も軍隊も、すべて手中に納めた彼には容易いことでした。「お前には涙はないのか！」と町中のどこかから叫ばれると、「金はいつも笑っておる！」と言いのけました。

そんな罵声を浴びた翌朝は、必ずどこかの木に首吊り自殺がぶら下がっていました。町の誰もがわかっていました。だから誰も何も言いませんでした。そんな彼も40代を前に結婚しました。もちろん愛などない政略結婚です。

すべては金の彼のもとへ嫁いできたのは、同じ華僑の大商人の娘でした。娘の親も娘自身も金がすべてなところが彼も気に入りました。この妻は偽札と偽金塊の商売口を、彼にもたらしてくれました。授かった3人の子どもにも、彼は愛を感じませんでした。自分が受けたのと同じ「金の英才教育」を施しました。

それでも妻は女だったので、子どもたちと自分への日々の出費が増えていきました。彼はもちろん気づいていましたが、妻の実家の商売を乗っ取ってしまうまでの辛抱だ、と我慢していました。逆に妻好みの有名役者たちを妻に近づかせ、妻の愛人に仕立て上げました。そして妻の不貞の現場を度々、子どもたちに見せつけていました。

ある年の暮れ、彼は風邪をこじらせて寝込みました。「薬は毒じゃ」が彼の口癖です。これまで多くの商敵と邪魔者たちを薬で毒殺してきた彼ならではの実戦的ポリシーです。ひどい咳をしながら、遠くネパールから呼び寄せた薬草医の差し出す薬だけを飲みました。もちろんこの薬草医の親兄弟を人質に取り、薬は必ず毒味役数名の口を経てから服しました。年が明けても、彼の病は治りませんでした。巷には彼も終わりだという噂が流れ始めました。

春節の喧噪が響き渡っていた夜、彼は高熱にうなされながら、再び深紅の龍神とまみえました。龍神はさらに大きく力強くなっていました。

「さあ、どうする？」

あなたなら、どうしますか？

「死など、どうということもないわ！　オレの死は、あの赤子のミルクの中で腐り果てておるわ！　龍神よ、オレを助けよ！　龍宮を献上しよう！」

翌日、彼は深紅の龍神をご神体とする巨大な龍宮の造営を命じました。金をかければ、何でも叶います。金色に輝く龍宮は、桃花が咲く頃には完成していました。

ある日、薬草医が蒙古の薄汚い老僧を連れて来ました。老僧は首に赤龍の飾りをさげていました。

「とうとう来たか！」彼はこの老僧に命を賭けようと一瞬で決めました。

「これは呪いの病だ。あなたは呪われている」

「どうすれば助かるか教えろ！」

老僧の言うがままに、盛大な悪魔祓いが執り行われました。彼にだけは、老僧が赤龍を何匹も連れて儀式に現れたのが見えていました。

1日目は、多くの生贄が供えられました。おびただしい血を全身に浴びた夜、彼は高熱を発しましたが、翌日には病は嘘のように消えていました。

2日目は、おどろおどろしい仮面たちが、狂気のリズムに乗って踊り続けました。悪魔の差し出す杯には何かの血が注がれています。悪魔が杯を干せと命じます。何の躊躇もなく血をあおると、彼は生気が蘇ってくるのを感じました。

3日目は、深紅に塗り上げた棺桶が用意されました。彼の家族、親類縁者はもちろんのこと、縁のある政財界や官僚たちも、この日の儀式に招集されました。

彼が棺桶に横たわると、蒙古の老僧がどこからか連れて来た100人あまりの正装した僧侶たちと、棺桶を何重にも取り囲み重々しい読経を始めました。誰もが聞いたことのない言葉の、聞いたことのない経文が延々と続きます。僧侶たちの外輪に座らされていた人々の中に、激しく咳をしながら悶絶する者がひとり、ふたりと現れました。胸を掻きむしり血を吐く者や頭が割れるように痛がりながら失神する者も現れました。

その日の太陽が沈むと、彼は棺桶を開けて出てきました。かがり火に照らされた夜の闇の中で、彼の背後に邪鬼たちが彼を護るように立っている姿を見た時、誰もが悟りました。この日の儀式は彼を呪詛した者たちへの意趣返しだったのです。

老僧は、苦しみのたうち回る者たちの髪の毛をひとにぎりずつ切り集めてきて、棺桶の中に投げ入れました。棺桶を閉じると、苦しみの呻き声は一斉に消えました。この日のために千人がかりで深く掘り進められた縦穴に棺桶が降ろされると、老僧の合図とともに、それぞれ千杯の桶に入った血と酒と油が投げ入れられました。最後に彼が赤々と燃える松明を投げ込むと、縦穴から血に染まった赤龍たちが天に向かって駆け登って行き、後には深い静寂が残りました。彼を呪詛した者たちは、赤龍たちに血をすべて吸い取られてしまい、誰もが蒼白苦悶のミイラとなって横たわっていました。妻と実家の父母も、彼の伯父伯母も、数名の大臣とその一味たちも、ミイラとなって死にました。「金は闇を生む」と棺桶の中で悟った彼は、この事件以来、世界中から名だたる陰陽師たちを集めて、二度と呪詛されないように努めました。

彼のこの呪術集団の噂は、すぐにアジア諸国から中東、欧州にまで広がり、世界中の国王や宰相たち、宗教指導者たちから内密の呪詛依頼が届くようになりました。

「闇は金を生む」

彼は内密の呪詛までも新規の仕事に仕立て上げました。呪詛の依頼が舞い込むと、彼はまず呪詛される相手に脅迫の手紙を送りました。相手が多額の身代金を毎年支払えば生き残れます。呪詛を依頼した側にも毎年多額の祈祷料を請求します。どちらか支払いを渋った方が殺されました。彼のもとには世界中から金塊が届くようになりました。

すべては闇の金塊です。

呪いの恐怖は絶対です。いつしか呪いの金塊と呼ばれるようになった大量の金塊を、彼はこの世の果ての高山や深海に隠し、陰陽師たちに護らせました。

すべての敵を消し去ったと納得できた夜、彼の夢の中に一段と巨大になった赤龍が現れました。

「さぁ　どうする?」

あなたなら、どうしますか?

彼には、その意味がよくわかりました。そして、彼が最後に求めたのは不老不死でした。寿命を金で買おうとした時、彼は秦の始皇帝崇拝に陥りました。

千人の処女を用意するように、蒙古の老僧に命じられた彼は、世界中から国一番と評される美女を始皇帝陵に模した新宮殿に集めました。もちろん美女たちは宮殿大広間に山積みされた金銀財宝に魅了され、自ら喜んで来た者ばかりでした。千人など三日で集まり、第二弾第三弾の募集を心待ちにしている美女たちも大勢いました。誰もが彼の寵愛を受け、彼の子どもを宿して、彼の相続人になれるのなら、地獄の魔物にでもすべてを捧げるつもりでした。そしてその地獄が現実に目の前に迫ってきても、美女たちは歓喜の笑顔のままのミイラと化していきました。

老僧は、彼に殷の時代から代々の王朝に受け継がれてきた採陰補陽の鬼神秘技を伝授しました。毎朝、11名の美女ミイラが人知れず宮殿の地下に葬られました。巷では若返った彼の話題が噂されることはあっても、美女たちの消息など気にする者は誰もいませんでした。

老僧はさらに童女千人を求めました。これもたちどころに新宮殿に集められました。いつの時代も、わずかばかりの金で娘を売る親が貧富問わず大勢いました。満月の度に童女たちは、血の祝宴の生贄にされました。やせ衰えていては血が弱ります。童女たちは毎日、栄養たっぷりの食事を摂らされました。リンゴのように真っ赤な血色に熟れると、満月の夜、古より王家に伝わる隕鉄刀で首をはねられました。まだ生暖かい生血に、老僧は呪文を唱えます。恐ろしい読誦が続く中、老僧が差し出した生血を一気にあおった夜は、彼は千里眼を得て、この世のすべてを見通すことができました。冴えわたった予知力は未来を見渡すだけでなく、未来を変えることさえできました。世界が彼の手中にありました。死すら消し去ることができました。

こうして彼は不老不死を手に入れました。金も、権力も、支配も、不老不死も得た彼は思いました。

「私は神になれた」彼にはもう死は訪れません。

死への恐怖はなくなりましたが、死の対極にあった生も消えてしまいました。

毎夜繰り広げられる酒池肉林に歓喜する美女たちの嬌声よりも、童女の生血から湧き出す生気のエネルギーよりも、大空を流れゆく薄雲に我欲を感じるようになりました。

「すべてを得ると、すべてを失う」

生をなくした彼は、死を思うことができませんでした。死という選択肢を失った彼は、使っても使っても増えていく金に埋もれていきました。金の宮殿や金の巨像を作ったらと提案する腹心たちもいましたが、千里眼の彼にはただ虚しさばかりが募りました。

神となった彼は、時間の呪縛からも解き放たれました。気がつけば老僧も腹心たちも死に絶えて、後を継いだ者たちが彼に仕えていましたが、もう名前すら知りません。世界中の美女たちが集まってきますが、どの美女たちも、これまで何度も閨をともにして生気を吸い取った気がしました。「転生しても同じことだ。美女に生まれても、因果応報からは抜け出せぬ。今宵ミイラと化しても、すぐに戻ってくる定めなのだ」彼はそれから数百年の間、美女の生気を吸い続け、童女の血を飲み続け、世界中の金を支配し続けました。

ある時、神である彼は気づきました。

「終わりは、この手で作り出さねばならぬ」

虚空の赤龍が問いました。

「さぁ　どうする？」

あなたなら、どうしますか？

彼はこの世界に終わりを与えることにしました。

「戦争と疫病と貧困こそが、この世を滅ぼす」

数百年間、この世を見てきた神の結論でした。「皆を輪廻転生の呪縛から解き放ってやる。それが神の使命だ」

彼は生と死の向こうに「終わり」を見い出したのです。

それ以来、彼は何度もこの世に戦争と疾病と貧困をもたらしました。この世が次第に疲弊していくのがわかりました。人々の我欲とエゴが増大増幅していくように仕向けました。人々がこころを失っていくのが痛快でした。

この世が暗黒の闇で染まり、あと少しで「終わり」を成就できるところまで来た時、彼はこの世の裏側に、わずかな光が芽生え始めていることに気づきました。蚤を潰すように難なく消し去ることのできる光です。しかし潰しても潰しても、またどこかに新しい光が灯りました。そしてその光が次第に広がっていくのが彼にもわかりました。

全知全能の神であるはずの彼に、昔懐かしあの感覚が蘇ってきました。「恐怖だ」

恐怖を感じたその瞬間から、彼の神の計画は崩れ始めました。思い通りに事が運ばなくなったのです。彼に焦りも敵意も蘇ってきました。無で中庸だった彼の心中に、一気に闇が広がりました。その闇の中で、彼は神の力を失っていきました。

いくら生気を吸い取っても、彼の心身はボロボロに朽ち果て始めました。彼に死神が戻ってきました。

「死だ」

彼は自らの死という棺桶の中に、彼の創り上げたこの世の「終わり」を横たえて、その時が来るのを静かに待ちました。

「光よ、さぁ　どうする？」

光は今やひとつの新しい世界となって、彼のこの世と併走しています。彼は、彼のこの世が終わっても、光の世界が続くことを許しました。

「神だったら、きっとこうしただろう」

神でなくなった彼が最後に欲したのは、この世の神であることでした。

やがて時の流れが、彼の闇の世界から新しい光の世界へと向きを変える時が来ました。彼もやっと死を迎えることができました。彼とともに、彼の創り上げた世界も終わりを迎えました。それは、彼が神として創り上げたシナリオ通りの終焉です。そして、すべてが終わった瞬間に、彼のこの世の時間が止まりました。彼のこの世のすべてが永遠の中に封印されました。神としての彼が願ったとおりに、すべての輪廻転生と因果応報が封印されたのでした。

彼のこの世の闇も、すべてその一瞬に封印されてしまいました。

「神だったら、きっとこうしただろう」

彼が光の世界へ与えた唯一の祝福が、この闇の封印でした。こうして闇の世界は消えて、光の世界が動き始めたのです。

「この世の金融界を動かしている超トップの気持ちが痛いほどよくわかりました。私は世俗の陰謀論などには全く興味はありませんが、『なぜ?』という思いを消し去ることもできないまま、今日まで金融界で生きてきました。私の中にも同じ『恐怖』があります。でもこれで私は地獄に落ちずに済みそうです」と深く溜息をつかれたのが印象的な症例でした。

第二章

龍神覚醒人の健康術

●(1)龍神覚醒は食養生から

昔から、覚者たちは少食です。

新しい龍神文明を創造していく龍神覚醒人たちも、もちろん少食です。1日1食が当たり前で、週末ファスティング（断食）をしています。グルテンフリーやベジタリアンも当然になっています。龍神覚醒人の多くは、玄米菜食&発酵食品中心の食生活に落ち着かれます。

もし、あなたが龍神のお導きで、龍神セレブ主催のパーティーに招待されても、絶対に肉料理に手を出してはいけませんよ。あなたが美味しそうにお肉を食べているのを、龍神が宿ったセレブたちは、しっかりとチェックしています。

肉料理は、あなたにも龍神が宿っているかどうか？　の試金石です。

あなたがどんなにハンサムでクールなお金持ちでも、「あの人、まだお肉を食べてるわよ」という致命的なレッテルを貼られてしまい、二度と龍神セレブたちと関わることは出来なくなります。

龍神セレブたちからの縁切りよりも、もっと恐ろしいのは、龍神覚醒した有力政経界人たちとのパイプが断ち切られてしまうことです。以後は三次元の野獣扱いで、まったく信用してもらえなくなります。たったひと口の肉料理が、金運、仕事運、出会い運、恋愛運、健康運などのすべての運気を剥ぎ取ってしまうのです。

龍神覚醒人は、食べ物に宿る波動とも共感します。

屠殺される時の悲しみや怒りの念がこもった肉を口にすることなど、決してできません。慈愛と感謝の波動が輝いている食材を、直感的に選んでしまいます。高価な食材、珍しい食材、有名な食材には騙されません。調理方法もわかってしまいます。電子レンジやＩＨ調理された料理には手を出しません。スローフードが龍神覚醒人の一番のご馳走です。

五次元に生きる龍神覚醒人といえども、飛行機を使います。想念やテレパシーを宇宙の果てまで一瞬で飛ばすことはできますが、スーパーマンのように空を飛ぶことはできません。そんな龍神覚醒人は、機内食をどのようにしているのでしょうか？　今はエコノミークラスでも、ベジタリアンミールを事前オーダーできます。例えばＪＡＬのベジタリアンミールは、卵と乳製品入りミール、卵と乳製品抜きミール、生野菜ミール、ヒンズー教ベジタリアンミール、オリエンタルベジタリアンミール、ジャイナ教ベジタリアンミールの中から選べます。

私だったらジャイナ教ベジタリアンミールをオーダーします。ジャイナ教では嘘は御法度ですから、ジャイナ教徒のフリをするのではなく、ジャイナ教のベジタリアンフードを楽しめばよいのです（ジャイナ教ベジタリアンミールは肉、魚、卵、乳製品、根菜類が入っていません）。もしジャイナ教徒の方に話しかけられたら、身体の喜ぶ声をそのまま素直に伝えましょう。龍神覚醒人たちの輪が広がって、きっと素晴らしい旅になりますよ。

アメリカでは１９７５年に国民栄養問題アメリカ上院特別委員会で「食事（栄養）と健康・慢性疾患の関係」についての世界的規模の調査研究が7年間かけて行われました。これをマクガバンレポートと呼びます。調査の結果は、それまでの常識を覆す驚くべきものでした。「心臓病をはじめとする諸々の慢性病は、肉食中心の誤った食生活がもたらした食原病であり、薬では治らない。我々は、この事実を率直に認めて、すぐさま食事の内容を改善する必要がある」として、高カロリー・高脂質の肉、乳製品、卵などの動物性食品を減らし、できるだけ精製していない穀物・野菜・果実を多く摂るように勧告しました。

また中間報告では「タンパク質（肉）の摂取量が増えると乳ガン、子宮内膜ガン、前立腺ガン、結腸直腸ガン、膵ガン、胃ガンなどの発生率が高まる恐れがある。これまでの西洋風な食事では、脂肪とタンパク摂取量との相関関係は非常に高い」とされ、「最も理想的な食事は、元禄時代以前の日本人の食事である」と明記されました。この食養生の流れは、デザイナーフーズのピラミッドへと続きました。これは1990年に、アメリカ国立がん研究所が長年の疫学的研究に基づいたガン予防に効果のある植物性食品40種類を、ピラミッドの表にまとめたものです。

ピラミッドの頂点には、ニンニクが君臨しています。ニンニクに含まれる硫酸アリル

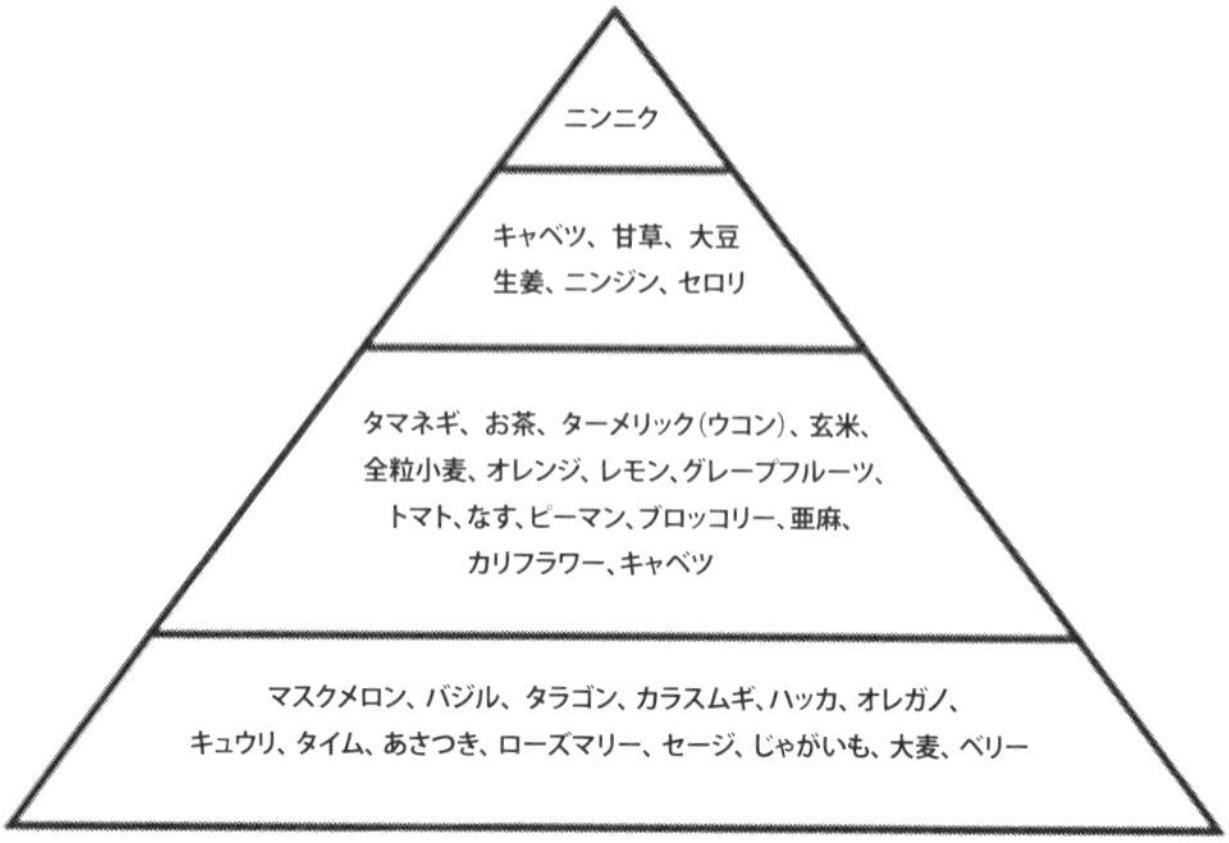

の抗酸化作用、セレンの過酸化脂質分解作用などが高く評価された結果です。次に高評価されたのは、キャベツ、甘草、大豆、生姜、ニンジン、セロリです。その下には、タマネギ、茶、ターメリック、玄米、亜麻、全粒小麦、オレンジ、レモン、グレープフルーツ、トマト、なす、ピーマン、ブロッコリー、カリフラワー、芽キャベツが続きます。最下層は、マスクメロン、バジル、タラゴン、カラスムギ、ハッカ、オレガノ、キュウリ、タイム、あさつき、ローズマリー、セージ、じゃがいも、大麦、ベリーです。

　このマクガバンレポートとデザイナーフーズの知識は、龍神覚醒人たちには常識です。

飲食や農業ビジネスを五次元の龍神文明に則したものへと変えていこうとする龍神覚醒人たちは、イスラムのハラールフードと同じように、これらの食材知識をリスペクトすることが当然になっています。

収益至上主義だった古い三次元の世界ではここ数年、牧畜や養殖での抗生物質、ホルモン剤、農薬、遺伝子操作などが大問題となっていました。農業でも農薬、肥料、ホルモン剤、遺伝子組換え、種子法などが大問題となり、欧米では大規模なデモが繰り広げられてきました。牛に牛を食べさせた結果が狂牛病を招いたことも暗黙の了解事項です。有機農業の闇も、龍神覚醒人たちにとっては、知っておくべき常識です。

すでに収益至上主義の企業オーナーたちが、五次元世界の龍神覚醒人たちのグループから駆逐されてしまった今、これからの五次元に覚醒した新しい世界を創り上げていく龍神覚醒人たちは、食養生の知識だけでなく、自らの実践経験を積み重ねていくことが急務です。

肉食をやめる。

大人は1日1食にする。

玄米菜食&発酵食品中心にする。

これだけで地球の農業問題も環境問題も、たちどころに解決してしまう、と言われています。労働問題も、健康問題も、貧富の問題も、地球環境の問題も、エネルギー問題も、まったく新しい五次元の解決方法が、龍神覚醒人たちの間では、すでに実践されています。

三次元から五次元へと世界がガラッと変わってしまった時に、パニックになって自滅してしまうのか、新しい龍神世界で楽しく幸せに暮らす龍神覚醒人になるのかは、明日、あなたがどんな食生活をしているかで決まってしまいますよ。

ここで私の1日1食の仕方をご披露しましょう。

少食療法や1日1食の仕方はいろいろありますが、私が医院でお勧めしているのはニンジン+リンゴジュースです。

朝　ニンジン2本+リンゴ1個のジュース
昼　ニンジン2本+リンゴ1個のジュース
夕　玄米菜食+発酵食

私は朝にニンジン4本+リンゴ2個のジュースを飲んで、夕食まで何も食べません。基本的に夕食はフリーですので肉、魚、デザート、お酒など何でもOKですが、次第に胃が小さくなってきて、食べる量は減ってきます。身体からの排毒が進むと、自然に身体は玄米菜食+発酵食品に向かいます。ガンや腎不全などの難病でもない限り、1年2年計画のゆったりとした余裕の気持ちで始めるとうまくいきます。今、始めれば、2020年末の「その時」にも十分、間に合います。

身体を排泄モードのままに保つのが、この少食療法のキモですので、ジュースは必ずジューサーで手作りしましょう。ミキサーで作ったスムージーは、身体は食べ物と認識してしまい、排泄モードから吸収モードに移ってしまい、少食の効果は期待できません。できればスロージューサーがお勧めです。私も長年使っていた古い高速ジューサーが壊れたのを期にスロージューサーに替えましたが、やはりジュースの味が違います。朝のひと口目で、身体の細胞たちが歓喜の声を上げているのがよくわかります。スロージューサーにしてから、便通もより快調になったように思います。

重度の病気の方には、無農薬野菜をお勧めしていますが、野菜代がバカになりません。健康な方ならデトックス作用も自然治癒力もしっかりとしているので、無農薬野菜にこだわらなくてもよいでしょう。夏はリンゴが少ないのでトマトでの代用も可能ですし、レモンを加えると、目が覚める爽やかさを味わうことができます。

少食を始めると昼頃に空腹感を覚えます。これは1日3食だった後遺症とも言える血糖のアンバランスな低下によるものと、脳に擦り込まれている「食べないと元気が出ない」という古い常識がもたらす幻影的な空腹感です。

自分が如何に砂糖中毒に冒されていたのか……。身にしみてよくわかります。

ムリして我慢を重ねると、すぐに意志の強さが破綻してリバウンドしてしまいますから、最初の数ヶ月間は、遠慮なく飴玉をなめてもよいでしょう。血糖の変動が調ってくれば、飴玉レスキューの頻度も少なくなってきます。やがては飴玉レスキューすると、脳も身体もボッーとしてしまうことがわかってきます。これが「身体の声を聞く」の第一歩になります。

龍神覚醒人には、身体の声、こころの声、魂の声が聞こえます。「身体の声を聞く」は、龍神覚醒への第一歩です。身体の声が聞こえると、龍神の声も聞こえてきます。「あぁこれが龍神と繋がる感覚なんだ」を実感できます。

龍神と繋がるには、まずは「食」から。

三次元の世界から見れば、少食、貧食で不幸極まりないように見えますが、五次元の龍神覚醒人たちは満面の笑みと慈愛と感謝で、美味しく、楽しく、和気あいあいに食卓を囲んでいます。五次元に生きる龍神覚醒人にとっては、三次元時代の食事は苦痛と不幸そのものでした。ようやく心身魂も、天地自然も、地球さんも、みんなが喜ぶ「食」を叶えることができた龍神覚醒人たちは、「食」を最高に楽しんでいます。もしあなたがまだ、少食や貧食を哀れだ、辛い、嫌だ、と感じるようなら、あなたの波動は三次元のままだという証になります。それはそれで一向に構わないのですが、「なぜ　あたながこの本を手にしたのか？」を考えた時に、あなたを守り導いている龍神さんの心配そうな顔がとても気になります。

あなたも龍神覚醒人となるべき人のはず……。この本の神意はそこにあります。

●⑵龍神覚醒人の健康食養生

免疫力・自然治癒力・蘇生力を高めていくために必須なのが食養生です。

免疫力も自律神経も新陳代謝も、心身魂のすべてを中庸に保つことが真の健康であり、宇宙の理だということを、龍神覚醒人は知っています。そのために龍神覚醒人は、1日1食を率先しています。1日1食の効能は素晴らしいものばかりで、医者いらずの妙薬だ、ということがわかります。

①大小便の排泄をよくします

少食にすると、万病の元「体毒」の排泄が高まり、自然治癒力・免疫力・蘇生力が回復します。食べ過ぎると、腎臓や肝臓などの排泄臓器への血液が滞り、排泄力が低下して便秘になります。１日３食をしっかりと食べて消化するためには、フルマラソンを走るのと同じ量のエネルギーが必要だ、と言われています。小食にすると、血液中の老廃物が減り、血液がきれいになります。全身に元気な血液が潤沢に供給されるので、あらゆる臓器が活発に健康的に活動します。

古い三次元時代の医療は、どんどん食べろ！　でした。

古い三次元時代の仕事も、どんどん働け！　でした。

どんどん食べたから、お腹が冷え、悪血や水毒が溜まって便秘になりました。どんどん働いたから、職場から笑顔がなくなり、疲労と不満が溜まって病になりました。１日３食の呪縛を解くのは、容易なことではありません。１００年あまりの間に擦り込まれた常識の殻を突き破る勇気と信念が求められます。

すべての食べ物がフォイトの栄養学で数値化・価値化されて、大量生産&大量消費の飽食化に行きつき、人間も社会もひどく便秘してしまったのが三次元時代の食でした。

1日1食の方が健康的で元気なんだよ。

心身魂も、地球も、天地自然も、宇宙も喜ぶ本当の知恵が知れ渡った新しい五次元の龍神世界では、感謝と慈愛がお金に乗って世界中を駆け巡ります。そんな龍神のお金が活き活きと天翔《あまかける》るお手伝いをするのが龍神覚醒人たちです。鈍った五感と古い常識に縛られない、自由に目覚めた感性と魂から湧き起こるエネルギーを持った人たちが、龍神を介してどんどんと繋がっていきます。龍神とともに天翔るにはまず、これまでに溜まった体毒を排泄デトックスして、身軽にならなければいけません。

1日1食の排泄改善を龍神覚醒人が大切にしているのは、常に龍神とともにありたいからなのです。

②だるさ、うつ気分がなくなり、短時間睡眠でも疲れにくく、頭脳が明晰になります

身体中に溜まっていた体毒、薬毒、食毒などをデトックスしていくと、筋肉や脳の働

きが活発になり、心身の疲れが改善します。食後の眠気は、胃腸に大量の血液が流れ込み、筋肉や脳への血流が減るために起こります。1日1食にすると、筋肉や脳への血流が保たれ続けるので、身体のだるさ、うつ気分、認知症、やる気のなさ、イライラや焦燥感が改善します。また、脳の神経細胞に溜まった鉛、水銀、アルミニウム、農薬、医薬品、食品添加物などの神経毒物のデトックスも促進されるので、脳腫瘍、認知症、神経難病などにも改善効果が期待できます。

疲労物質や老廃物もどんどん排泄されるので、肉体的にも精神的にも疲れにくくなります。邪気、悪血、水毒の排泄が進むと、子どもの頃のような素直な身体に戻れます。疲れたら寝る。グッスリ眠った後は、また元気いっぱいに動けます。海外旅行での時差ぼけや気温環境の急激な変化にも難なく対応できます。

古い三次元時代は毒の時代でした。毒で感性をマヒさせる。毒で依存症にする。毒で病にする。毒で大量生産&大量消費を支えてきました。毒は、慈愛も、感謝も、許しも、共感も、自由も奪い取ります。だるさやうつ気分は、心身が毒に汚染された証です。怒りや憎しみがすぐに爆発するのも、恨みや嫉妬がいつまでも消えないのも、悲しみや孤独に常にさいなまれるのも、心身が毒漬けになっているからです。

新しい龍神世界で重要になるのは、排毒デトックスです。

いかに安全に、簡単に、効率よく、楽に毒出しできるか？　を担うのが龍神覚醒人です。そこにはもちろん、慈愛と感謝と喜びを高めることも求められます。古い三次元時代の真逆をすれば良いのではなく、五次元世界という、まったく新しい新基軸を創り出さなければいけませんが、龍神覚醒人にとって、これほどワクワクする仕事はありません。龍神が歓喜乱舞してしまうような、どんなアイデアが龍神覚醒人から飛び出してくるのか、とても楽しみにしています。

睡眠時間は、短くても平気になります。

あらゆる臓器への負担が軽くなるので、睡眠時間が短くても、早く疲労回復できます。小食にすると、消化吸収の胃腸も、血液をどんどん送り込もうとする心臓も、消化に必要な酸素を供給する肺も、老廃物を解毒排泄する肝臓と腎臓への負担も、大幅に軽減されるので、各臓器が疲労回復するために必要だった睡眠時間が短くなります。

脳の血糖値も平坦なままキープされるので、血糖スパイクやインシュリンへの過剰反応性低血糖による脳機能の慢性的なダメージも避けられます。脳機能のダメージの修復は、夜間睡眠中にグリア細胞という脳細胞の修理屋さんが担ってくれていますが、あまりにひどいダメージが頻発すると、このグリア細胞が脳腫瘍化したり機能不全に陥って、脳萎縮や認知症を引き起こしてしまいます。1日1食の少食にすれば、血糖変動による脳のダメージも減り、脳の修理屋さんも気持ちよく仕事を果たしてくれるようになります。

ヨガや密教の世界では、1日2食なら6時間の睡眠が、1日1食なら3時間の睡眠が必要だと言われています。完全断食中は意識が冴えきっているので睡眠は不要だ、とさえ言われています。

比叡山千日回峰の中で最も過酷な堂入りは、無動寺明王堂で足かけ9日間の断食、断水、断眠、断臥の四無行を行いますが、これも断食断水だからこそできる行です。もし行者さんがひと口でも水を含めば、強烈な睡魔と腹痛が襲ってくることでしょう。食水眠を断って、ただひたすらに不動明王の真言を唱え続ければ、神意識や宇宙意識としっかりと繋がって、生身の不動明王となれることも、天地自然の理のままだと言えます。そこまで極めなくても、1日1食を続けていくうちに、五感を超越した感性や超感覚に目覚めることは誰にでも起こります。その超感覚が目覚めるからこそ、龍神の姿が見え、龍神の声が聞こえてくるのです。

自利から利他へ、我欲から慈愛への変容は、難行苦行しなくても、少食にすれば容易に手に入ることを龍神覚醒人は、身をもって実践しています。

③龍神覚醒人のポジティブ術

1日1食の少食にすると、不思議と落ち込まなくなります。

頭が軽くなり、物事をポジティブに考えられるようになります。

あれこれ考える前に身体が動くので、生き方が前向きになります。

人づきあいが楽しくなり、人生が明るくなります。

同病相憐れむような暗くネガティブな三次元の友人たちが去り、元気でポジティブな五次元の龍神覚醒人たちとの出会いが増えます。

昔からこれを開運吉兆と呼びますよね。

1日1食の方にとてもお世話になったので、何かお返しをしたいと思った時、お菓子などの食べ物はダメ、今度お目にかかった時にご馳走しますもダメ……。何がいいのかな？　と真剣に考え抜きます。このしっかりと相手のことを想いながら思案するエネルギーこそが、最大最善のこころのこもったお礼になります。相手の方との絆がどんどんと深まり、互いの吉兆がシンクロして波動上昇を起こし、ふたりに大吉兆をもたらしてくれます。

1日1食になって新たに繋がる人たちはみなさん、健康意識の高い方ばかりです。健康診断や人間ドック、さまざまな健康グッズやサプリメントへの依存症になっている健康オタクはいません。自分軸という自我が確立されていて、自分の天命・天職がわかっている方々ばかりです。天地自然の理、宇宙の法則に乗って、あるがままに生きている人たちです。すでにポジティブ＆ネガティブ、前向き＆後向きを超越して、日々の何気ない生き方がキラキラと輝いている高波動の人たちです。そんな輝く人たちが生きる五次元の龍神世界への入口が少食です。

少食にすると、生殖力が強くなり不妊症が改善します。男女ともに、その性能力が劇的に高まります。「貧乏人の子だくさん」は、粗食小食こそが子宝に恵まれる秘訣だ、ということを表した先人の知恵です。

人類の長い歴史のほとんどが飢餓との戦いでした。飢餓状態で最優先される本能は、子孫を残すことです。飢餓状態になると、生殖力が大幅にアップすることが動物実験からも実証されています。飢餓や戦争で生きるか死ぬかの状況下では、受胎率がアップすることもわかっています。少食にすると、生殖ＤＮＡが起動して妊娠しやすくなりますが、それだけではなく、少食がもたらしてくれる感謝と慈愛の気持ちがパートナーへの思いやりを大増幅することも、受胎率の向上に繋がっていると考えられます。

少食にすると、時間貴族になれます。頭が冴えて仕事がはかどります。睡眠時間も買い物や料理の時間も減ります。

必然的に時間に裕福になれます。趣味の時間が増えると、教養が豊かになり、智慧が深まります。人間性の奥行きが深まり、懐の広く深い人になれます。波動が高まり、善き仲間、善き仕事が集まって来ます。時間に裕福になると、家庭を大切にできます。家族とともに過ごす時間も、パートナーと愛を深めあう時間もたっぷりと持てます。生きるのが楽しくなりますね。龍神覚醒人は、そんな時間に裕福になった時間貴族たちに何を提供できるか？　を考えています。

古い三次元の時代は、ステレオタイプの価値観を貼りつけたモノで人々を満足させていました。値段という価値観、希少価値という価値観、ブランドという価値観、セレブな有名人が持っているという価値観……。お仕着せの価値観に満足して幸せだった古き良き時代でした。

五次元の龍神時代には、従来のモノの価値観は通用しません。価値観は、すべて波動の高さ、美しさ、慈愛と感謝の深さで語られます。

五次元の龍神世界になっても、モノへの値段は残っています。

例えば、ひとりの時計職人が1年間かけて1個だけ作り上げることのできた時計にも、もちろん値段がつきます。この時計職人の寝食と身の回りの世話と話し相手をしてくれた人たちと育ててくれた師匠、手伝ってくれた弟子たち、愛する人への感謝と慈愛を満たして余りある値段がつきます。その値段は、感謝と慈愛の波動に満ちた値段となり、誰からも祝福される逸品に相応しい価値観を生み出します。

値段と時間の奴隷と化していた三次元の世界から、波動と慈愛と感謝の五次元の龍神世界へと、龍神たちに導かれてきた人々は、まず食の洗礼を受けます。次に価値観の洗礼を受けます。

食も価値観も、すべてが他人軸に慣れてしまった人たちに、どうしたら自分軸に立っていただけるのか?

龍神覚醒人たちの挑戦が、これからの10年あまり、続いていきます。数多くの失敗と成功、挫折と喜びを五次元となった地球からも、宇宙からも、神々からも大いに期待されています。いくとおりの未来が生まれても構いません。むしろ地球も宇宙も神々も、できるだけ多くの未来が生まれることを望んでいます。

２０３２年に五次元龍神世界は、古い三次元世界を完全に切り離して独立します。その時、多くの未来がすべて平行次元となって、新しい宇宙を創り上げてくれます。さまざまな価値観があればあるほど、波動の美しさがあればあるほど、慈愛と感謝がさまざまに表現されればされるほど、宇宙全体が大進化でき、生命エネルギーが増大増幅されます。

龍神覚醒人は、宇宙を大進化させるような大きな天命をも担っているのです。

少食にすると、感性が豊かになります。

感受性や直感力が研ぎ澄まされて、こころは平安になります。

何事も受け入れられるようになり、こころが落ち着きます。

感動する力が増して、感謝の気持ちが深く豊かになります。

創造性が深まり、どんどん自己表現をしたくなります。自分らしさや生きがいを迷うことなく表現できるようになると、自然に自己実現できるようになります。

感性が豊かな人は、他人の感性をリスペクトできます。どんなファッションや生き方をしていても、「なるほどな」と、あるがままを認め、受け入れることができます。

……あるべきだ。……ねばならない。そんな古い呪縛から自由になれます。

五次元の龍神世界には、もう支配も従属もありません。

我欲とエゴと煩悩という本能の暗黒面が暴走していた古い時代は、支配と従属で人々の本能を厳しく制御する必要がありました。時間とお金と健康の奴隷から解放された今、誰もが自由を得ました。天地自然と宇宙の理に沿っていれば、何を創造しても構わない自由です。感性に目覚めた人たちは、嬉々として龍神たちが飛翔する世界へと飛び出して行くでしょう。感性の目覚めを恐れる人たちは、古い三次元の時代のままの奴隷生活を創造してしまうのでしょうか？　それすら「自由」なのが龍神時代です。

古《いにしえ》の縄文世界でも、龍神たちは自由に大空を飛翔していました。そんな縄文世界を亡ぼした支配と従属の世界に生きる人々は、古の龍神時代の「自由」を最も恐れました。自分たちのヒエラルキーな世界を破壊することができる唯一の最終兵器が「自由」だということを直感的に知っていたからです。

すべてを失った。残ったのは命だけ。

古い世界のすべてを失わなければ、新しい世界へは入れません。

古い世界のすべてを失わなければ、本物の自由は手に入りません。

すべてを失うどん底の向こうに、新しい感性の光の世界の入口があります。

そんなどん底をくぐり抜けて龍神の世界へとやって来た人たちの感性は、大きく広がり、美しく輝いています。

世界中はもちろんのこと、宇宙のすべてと繋がる「輪の感性」が目覚めています。

太陽の何千倍も眩しく神々しい光と共感できる「和の感性」が輝いています。

世界中が慈愛と感謝の悦びで満ちあふれている「笑の感性」が花開きます。

龍神世界の覚醒人は、この和・輪・笑の感性があふれ出ています。

宇宙を自由に駆けめぐる龍神を育み、龍神と旅する喜びを得たいのなら、まずは少食から始めましょう。

④龍神覚醒人の若返り術

皮膚は最大の臓器です。

少食で体毒をデトックスしていくと、肌が驚くほどみずみずしく若返ります。肌だけでなく、すべての内臓も若返るので、心身ともに元気溌剌《はつらつ》となります。鍼灸で言うところの衛氣も元気になるので、外見も20歳は若返ったように見えます。つまり、オーラが美しく輝きます。

古い三次元の世界では、見た目が重要でした。目で見る、鼻で嗅ぐ、耳で聞く、舌で味わう、手で触れる……。五感がモノの価値観を決めていました。自分の五感の評価を他人へ伝えて共有するためには、金額を使うしかありませんでした。

五次元の龍神世界では、五感を超越した感性を、波動で誰とでも共有することができます。波動の高さ、美しさ、愛おしさ、悦び……で感じ合います。波動の輝きが、その人のオーラの美しさになり、人となりとなります。

肌は五感の見た目から解放されるので、ホンモノの化粧品だけがしばらくの間は生き残れます。肌の波動を汚す化学薬品や合成添加物入りのビューティー&ヘルスケアは、すぐに消え去ってしまいます。代わりに、波動に彩りを加える化粧品が出てくるかもしれませんが、もちろん安全、天然、アナログなものでしょう。人それぞれに好きな色があるように、みんなが思い思いに好きな彩りの波動を楽しめる世界が始まります。龍神世界が時空間的に独立独歩を始める10数年後には、もはや「化粧品」はなくなってしまっているでしょう。

五次元世界は、波動と慈愛と感謝の世界です。誰もが五感を超越した感性で見つめ合い、触れ合う世界に慣れてくると、「見た目で判断するって、どういうことですか？」

と子どもたちから不思議がられてしまうようになります。エステや美容健康産業は意味をなさず、自然消滅してしまいますが、うまく「波動の彩りを楽しむ」仕事へとステップアップできるように尽力するのも龍神覚醒人の大切な務めです。

少食は白髪、脱毛を防ぎます。少食を続けると、頭皮への血流が改善して、髪や肌の老化を防げます。

東洋医学では顔望診をします。腎・脾・肝・心・肺の五臓と胆・小腸・胃・大腸・膀胱・三焦の六腑の陰陽、実虚、氣血水の具合を顔色から読み取ります。どんなに厚化粧していても読み取れますから、視覚で診ているのではなく、氣や波動で診ている、と言えます。白髪や脱毛は「髪は腎の華」ですから腎精に問題ありと診ますが、なぜ腎精が損しているのか？　と次々に病の根元へ向かって突き詰めて弁証していくのが東洋医学です。

愛する人が突然亡くなった時、ものすごい恐怖に襲われた時、一夜にして白髪になったという話がありますが、弁証を極めていくと「なるほど」と納得できます。万病には必ず根本原因があります。原因不明というのは、智慧が及ばす弁証できなかっただけの話です。それは負けでも失態でもありません。原因がわからなければ、学べはよいのです。神さまが新たな智慧を授けるために、病の患者さんを遣わしてくださったのです。解決できない問題を神さまが押しつけるはずはありません。必ず解決の糸口があります……病は必ず治るのです。

医者が治すのでも、薬が治すのでもありません。もちろん神さまも治してくれません。

病は自分が治すものです。

龍神覚醒人の仕事術も同じです。

お客さまに喜んでいただく。自分もスタッフも働く喜びを満喫する。

古い三次元の世界では、安いから・便利だから・簡単だから・安心だからで喜んでいただいていました。これでは、医者が薬を出すのと同じレベルです。お客さまの心身魂すべてのレベルで喜んでいただけるように、日々研鑽するのが龍神覚醒人の仕事術です。お客さまの心身魂に感謝の喜びと慈愛のあたたかさが湧き出してくるようになれると合格です。

そのためには、まず自分の心身魂に感謝の喜びと慈愛のあたたかさが湧き出していなければいけません。朝起きた時に、夜眠る時に、心身魂が感謝と慈愛でいっぱいになれるようにしましょう。そのためには……　ひとりひとり違うかもしれませんが、それが自分の波動の彩りになります。究極は宇宙と同じ慈愛です。自分の慈愛の波動色がわかれば、いつでも自分の心身魂を感謝の喜びで満たすことができるようになります。感謝の喜びにフォーカスしていると、波動が美しく高まってきます。

日々の出来事の中に、どんな感謝の喜びが隠されているのか？　慈愛のぬくもりを感じられるか？　とフッとひと息吐いて日々の出来事を見つめれば、どこにでも感謝の喜びと慈愛のぬくもりが顔をのぞかせていることに気づけます。そして、この気づきこそが龍神覚醒人へと進化させてくれます。

⑤龍神覚醒人の痩身術

五次元の龍神世界には、肥満症はありません。

過食は、未だに我欲、エゴ、煩悩の三次元世界をさまよっている証拠ですから、肥満である限り、龍神覚醒人とはなれないのです。少食になると、余分な体脂肪が落ちていくので、ダイエットは確実に成功します。1日1食にしても体脂肪は落ちますが、筋肉はあまり落ちません。女性のバスト&ヒップのふくよかさは維持されます。男女ともに筋トレを少食に併用すると、理想的なプロポーションになれます。

巷のダイエット方法、特に若い人が飛びつくダイエット法は、何とか3食食べながらヤセたいという三次元世界らしい欲望の塊ばかりです。心身魂が欲望の炎に焼かれ続けて生気を失うので、3食食べながらヤセると、体力も気力も免疫力もガクッと落ちます。これでは長続きせずリバウンドで苦しみます。

1日1食だと体力が落ちて何もできなくなるではないかしら？　と心配されている方々もおられますが大丈夫です。1日1食でも、体力が落ちてしまうことはありません。むしろ消化吸収に消費していた膨大なエネルギーを脳と筋肉の活動に使うことができるので、脳の機能も筋力体力も驚くほど向上します。

体操の内村航平くんも、相撲の白鵬関も1日1食です。

1日1食にすると、誰もが一度は実体験することがあります。1日1食生活の人が、3食食べたり、途中でおやつを食べたりするとその後、猛烈な空腹感に襲われます。例えリンゴひとかけら、ピーナッツ1粒でも、どうしようもない空腹感と虚脱感に見まわれて、脳から集中力、判断力、創造力が消えていくのがわかります。身体の方も瞬発力、持続力、筋力が衰えていくのが実感できます。このひと口の恐ろしさを体験すると、もう1日1食が当たり前になってしまいます。体操や相撲では、わずか数百分の1秒間の集中力と瞬発力の高さが勝負を決めます。内村くんも白鵬関も、少食の威力をよく知っておられるのでしょう。

2018年の冬季オリンピックでも多くのビーガン（完全菜食主義者）の選手たちが入賞しました。瞬発力の短距離競技だけでなく、持続力の長距離競技でも大活躍でした。「しっかり食べないと走れない」は、屈強な兵士を求めた古い三次元世界のプロパガンダでした。戦争に明け暮れた古い時代は、ついに終わりました。平和が永久に続く新しい龍神世界では、如何に効率よく身体内のエネルギーを使うか？　に注目しましょう。

1日3食では、大量のエネルギーを得られますが、同時に大量の老廃物も生み出してしまいます。消費できなかったエネルギーは脂肪として蓄えられ、排泄できなかった老廃物は、全身の動脈硬化や脳の機能不全をもたらします。日本の老人施設では1日3食&朝夕おやつ付きが定番ですが、欧米では認知症や寝たきり予防に少食を取り入れています。ひきしまった身体をしているお年寄りはかくしゃくとして元気です。歳を取ってもひきしまった身体とこころでいたいものですね。

少食にすると体温が上がり、メタボリックシンドロームを防げます。

体温が1度低下すると、代謝は12％落ちます。1日3食では、体内に脂肪や老廃物がどんどん蓄積するために、悪血や水毒を来たして体温は低下します。

小食にすると、体内の脂肪や老廃物は、きちんと燃焼して体温は上がります。

太ってる人は、汗かきで暑がりのように思っていますが、実は身体の芯は冷えていま
す。糖尿病、アトピー、喘息、更年期障害、認知症などの患者さんをアーユルヴェーダの脈診で診ると、皆さん身体の芯は冷え切っています。高血圧、慢性頭痛、肩こり、不眠症、イライラ病の皆さんは、頭熱足寒で下半身にひどい冷えがあります。

少食を続けていけば、体温はゆっくりと上がってきます。

老化してくると体温は低下しますが、体温が低下するから老化が早まっている、という側面もあります。最近、中高年女性の「ちつケア」の重要性がクローズアップされてきましたが「ちつケア」していると体温も上がってきます。欧米では「ちつケア」は当たり前の美容&アンチエイジングです。体温が高いと、豊かな老後人生を楽しめることを欧米のステキな老後カップルたちが実証してくれています。

冷え、特に下半身の丹田や仙骨が冷えている人には、龍神は宿ることができません。華佗《かだ》脳氣功で診ると、龍神が宿るべき丹田・仙骨が空っぽになっている方がとても多いことに驚かされます。龍神が宿っていても、ジッと丹田・仙骨の奥深くに閉じこもって

しまっていたり、冬眠してしまっている龍神も見かけます。

龍神は神々の使者です。

神々との繋がりが薄らぐと、心身魂に闇が広がります。我欲とエゴと煩悩がネガティブな、攻撃的な、排他的な、自虐的な、依存的な性格にしてしまいます。すべての運気が低迷してしまい、低く汚れた波動に落ちてしまいます。

当然、五次元の龍神世界など雲の上の、そのまた上の世界で、見上げても何も見えません。宇宙や神々の世界から古い三次元の地球を見ると、とても冷え切った氷の世界のように見えていました。宇宙と神々がいくら愛の光のエネルギーを地球へ送り続けても、そこに暮らす人々の凄まじい我欲とエゴと煩悩をたぎらせるエネルギーとして搾取されてしまうので、なす術もない状況が長い間、続いてきました。

しかし2018年になって、ようやく地球も人間も五次元へと大進化し始めることができました。地球には宇宙から愛の光のエネルギーがどんどん充填され、2019年以降、いつでも大進化できる状況に入りました。人間たちの中にも、少食を介して自らの冷えを自覚して、丹田と仙骨を温めることで龍神を覚醒させた人たちが増えてきました。龍神覚醒人した人たちの丹田や仙骨には、冷えはありません。一旦、龍神が覚醒すると、波動のエネルギーレベルが三次元の頃とは比較にならないくらい高まっているので、もう冷えで苦しむことはなくなってしまいます。冷えを根本原因とする病も、自然治癒してしまいます。

あと2年という龍神覚醒のタイムリミットが見えてきた今、少食や鍼灸、漢方薬、温泉療法などを駆使しながら、ゆっくりと冷えを治していくことも必要ですが、まず五次元意識に目覚めることで、迫りくるタイムリミットをクリアしましょう。龍神の意識に覚醒すれば、自然と体温は上がってきます。眠っていた龍神が目を覚ましてくれると、心身魂のバランスが一気に回復してきます。宇宙と神々との繋がりが復活して、龍神覚醒できます。2019年に必須なのは、まず龍神意識に目覚めることです。「私は目覚めるぞ！」と心身魂に宣言しましょう。26000年もの間、待ち続けてきてやっと迎えることのできた大進化の時です。ここは龍神とともに飛び立とうではありませんか！

龍神覚醒は、心身魂に宣言するだけで始まります。あなたの本気の宣言が、あなたの龍神を目覚めさせるのです。

⑥龍神覚醒人の免疫賦活術

龍神に病はありません。病持ちの人間を、龍神は友にはしません。病持ちだから波動が低く汚れているのではなく、波動が低く汚れていたから病に至った人間だからです。龍神に病が伝染《うつ》ることは決してありませんが、波動の汚れは気持ち悪く、心地よく飛翔できなくなるので、龍神は病持ちを避けます。

1日1食を続けていると、病気にかかりにくくなります。これは、龍神覚醒するための絶対条件です。空腹になると、白血球の免疫力はアップします。誰でも食後は血液中が栄養過多となり、白血球も満腹状態で活動が緩慢になります。小食になると、血液中の普段の栄養状態が正常化します。空腹となった白血球は、どんどん悪者を捕食破壊してくれます。病原菌やアレルゲン、がん細胞などへの白血球の貪食殺菌力が強くなるわけです。白血球が元気になると、自然治癒力も元気になります。顆粒球過多やリンパ球過多も是正されるので、がん、パーキンソン病、アトピー、喘息、慢性気管支炎、水虫、ドライアイなどさまざまな疾患を改善してくれます。

傷の治りが早くなるだけでなく、関節痛や筋肉痛も治りやすくなります。

最近、若い人たちの中に傷の治りにくい人、風邪を引きやすい人をよく見かけます。栄養が足りないせいだ！　とばかりに焼き肉やカツ丼などに走るのは愚の骨頂で、本来は少食にして、免疫力と自然治癒力が回復してくるのを待つべきなのです。食べれば食べるほど免疫力と自然治癒力は悪化します。そして、ついには若年性のガンや難病奇病に陥ってしまいます。自然界の動物は、調子が悪かったり病になると、何も食べずにただジッとしています。これは、本能的に免疫力と自然治癒力を回復させようとしているのです。

病になると食欲がなくなります。

本能に従って食べずに温かくして寝ていれば治るのに、「食べないと治らない！」とばかりに無理矢理食べようとすると……病は悪化の一途をたどります。

身体の声は、ちゃんと健康長寿に導いてくれます。

身体の声を素直に聞かないから、我欲いっぱいの人間は病に苦しむのです。それを戒めるために、世界中の教祖さまたちは断食を勧められたのでしょう。

龍神の血には、非常に高く強く美しい免疫力と自然治癒力が備わっています。ですから、龍神と触れ合ったり、側にいるだけで、人間の免疫力と自然治癒力も高まります。

龍神は神々からの使いであり、その本質は神々の波動エネルギー体なので、人間の五感では見えず、聞こえず、臭わず、触れずです。龍神覚醒人は、五感の呪縛から解き放たれています。目で見ようとせずとも龍神が見えます。耳で聞こうとせずとも龍神の声が聞こえます。同じように、ただ波動を感じ取りシンクロする感性で、龍神と触れ合うことができます。

龍神は、己の免疫力と自然治癒力を惜しげもなく分け与えてくれます。人間は、ただこころを感謝と喜びの念でいっぱいにすれば、龍神の免疫力と自然治癒力が自然に流れ込んでくるのを感じ取れます。

掛け流しの天然温泉の湯には、たくさんの龍神たちが泳いでいます。静かに龍神たちの温泉に浸かっていると、足裏の湧泉穴からどんどんと龍神たちが入って来てくれるのがわかります。龍神たちは、全身の経絡を泳ぎながら、時々、経穴から顔を出して笑ってくれます。病のある場所に集まって来て、免疫力と自然治癒力を高めてくれます。時には未病の箇所に噛みついて、注意を促してくれることもあります。このように、龍神は神医の使いでもあることを実感できるのが少食であり断食なのです。

●ある老僧の過去生からの学び

ヒマラヤの山奥深く、旅人もめったに訪れないひなびた山村で、人の背丈ほどの小さな仏舎利塔をひとりで預かって暮らしている老僧の人生です。

額には深いシワが幾重にも波打っており、老僧の人生が波瀾万丈であったことがうかがえます。月が明るい夜には、老僧の額に大きな目玉が現れることは、もう村人の誰もが知っていました。ボロボロの僧衣を祈祷旗タルチョーのように風にはためかせながら、村を見下ろす峠にポツンと建っている仏舎利塔にもたれて一日中、老僧は何やら呟いています。放牧へ向かう村人は、必ずこの老僧のために何がしかの食料と水を持って出かけましたし、帰ってきた村人は、絞りたての乳を今日一日の無事を感謝しながら老僧に差し出しました。老僧は成就者だという村人もおれば、ただの乞食坊主だと笑い飛ばす村人もいますが、不思議なことに誰ひとり老僧を蔑《さげす》む村人はいませんでした。

虹が出ると、老僧はとても悲しげな歌を唄います。

それは誰かを弔うような、何かを懐かしむような異国言葉の挽歌のようにも聞こえますが、村人のだれもその歌の意味はわかりませんでした。放牧の帰り道に、この歌を聞いた村人が老僧に歌の意味を尋ねると、

「多くの者たちが、あまりに多くの者たちが虹となったのよぉ。子どもも女たちも、みーんな虹になってしもうた。

大きな大きな町に虹が架かって……誰もいなくなってしもうたのよぉ。昔はなぁ、今の三倍は人がおったのじゃよぉ。この世界中、人だらけじゃった。羊と山羊の数よりも、もっともっとたくさんの人がおったんじゃよぉ」と、老僧は天空を翔る虹に涙を流しながら言いました。

「わしが供養してやらんと、虹の向こうに消えた者たちがこの世をさまようでのぉ。虹の向こうの世界は極楽じゃよぞ、こちらへさまよい出るんじゃないぜよぞ、と唱えてやってるんじゃ。それが老いさらばえても尚生き残ったこの爺の最後のお役目じゃよぞ」

そんな瘋狂聖《ふうきょうひじり》の爺さんでしたが、なぜか村の娘たちは、こころを許していました。親にも言えない打ち明け話をすることもあれば、人の心の機微を教えてもらうこともありました。時には、爺に占いを立ててもらう娘もいました。

娘たちは、爺の昔話を聞きながら、笑ったり泣いたりするのが大好きでした。やがて爺の昔話がタルチョーのようにひと続きになってきた時、娘たちは自分たちが何者で、何を成すために生まれてきたのかをしっかりと自覚できるようになっていました。

「お爺さんはどこから来たの？」

おさげに結った黒髪がかわいい娘が、爺の膝に乗りながら尋ねました。

「昔々のことじゃよ。わしは大きな町に暮らしておったんじゃ。そこは何でも欲しいものは手に入る町じゃった。店先には色とりどりな食べ物があふれかえっておったんじゃ。この世のありとあらゆる食べ物が、お金さえあれば食べられた町じゃった。

食べ物だけじゃないぞ。着るものもあふれかえっておったからの、使っては捨て、また新しいものを買ってきて、すぐに捨ててしまう暮らしをしておったんじゃ。

あの山ほど高い住まいに住んで、車や飛行機というものに乗って、世界中のどこにでも行けたんじゃ。何でも手に入る、どこにでも行けるのが豊かで幸せだと、みんなが思っていた町じゃった」

「私もそんな町に行ってみたい」と、ほっぺたの赤い小さな女の子が言いました。

「いやいや、それはやめておいた方が良いじゃろうなぁ。その大きな町にあるものは、みんな人が作ったものばかりじゃったからの。大地の奥から吹き出す油から作ったものばかりでな。息はしにくいし、みんな身体やこころが病んでしまっていたからの。

今のお前さんたちのように、こころで楽しくおしゃべりしたり、ものを動かしたり、花を咲かせたり、鶏に卵を産んでもらったりもできんかったからの。本当に何もできんかったからの」

爺は、遠くの空を見上げながら悲しげに呟きました。

「あの頃は病というものがあったんじゃった。八百、八千、八万もの病があっての。みんな身体やこころのどこかが悪かったんじゃ。痛かったり、辛かったり、動かなかったり。イライラしたり、塞ぎ込んだり、寝込んだり。それはそれは大変じゃったんじゃよ」

「みんなでさすったり祈ったりしなかったの？」と、無邪気な目をした男の子が尋ねました。

「大きな町の人たちはの、大人も子どもも他人には無関心じゃったんだ。わざと関わりを避けていたんじゃ。みんな自分のことで精一杯だったんじゃよ。すべてが自分のために、何でも自分の都合のよいように。他人よりも多く、強く、良いものを奪い取らなければ、生きていけない町じゃった。弱い人、病気の人から平気で奪い取らないと、自分が奪い取られてしまう町じゃった」

「お爺さん、病気って何?」と、気持ちよさそうに眠る妹をおぶった娘が尋ねました。

「お前たちは病気を見たことがなかったんじゃの。病気というものはの……空が晴れたり、曇ったり、雨や雪が降ってきたりするじゃろ。冷たい風が山から降りてきたり、熱い風が川から駆け登ってきたりもするじゃろ。時にはものすごい雨風が通り過ぎていくこともあるじゃろ。今のお前たちは空の移り変わりのなんたるかを知っておるから、不安や恐れなど何も感じないんじゃ。自然のままに、宇宙とともに生きておるからの。それはとても良いことなんじゃ。

昔の大きな町では、いつまでもずっと晴れたままだったり、町が湖になってしまうほど雨が降り続いたり、たくさんの凍え死ぬ人が出てしまうくらい雪が降り積もったりすることがよくあったんじゃよ。雨が一滴も降らずで畑が干からびてしまったり、夏なのに雪が降り続けたこともあったんじゃよ。そういう困った事、異常が身体やこころに起こったものを病気と言ったんじゃ」

「なぜみんなでお空に祈らなかったの？」と、仲良しの鷹を肩に乗せた男の子が尋ねました。

「昔の大きな町には何でもあったんじゃ。必要なものはすぐに誰かが油から作りだして売ってくれたんじゃ。どんなものでもあった。何でもあった。だから大きな町の人たちは、大地や空や風に祈ることなど忘れてしまったんじゃよ。何でも人が作り出せるのだから、病気も人が治せるはずだとな、思い上がったんじゃよ。

人が油から作った薬をどんどん作って、病気の人に目隠しをしてしまうとな、痛いのや辛いのや悲しいのが感じられなくなってしまうんじゃ。病気に蓋をしたまま、とりあえず暮らしている人たちばかりだったんじゃよ」

「かわいそうな人たち……」

爺のまわりに集まった子どもたちは、みんな空を見上げて祈ってくれました。

「病気は人間が作ったものなんじゃ。身体とこころの声に耳を傾けずに、食べすぎ飲みすぎしたからじゃ。身体に入れてはいけないものを平気で摂っていたからじゃ。人に勝つこと、人から奪い取ること、人を支配することを続けていたからじゃ。分かちあうこと、共有すること、一緒に育てることを忘れてしまったからじゃ。お前たちのように楽しむこと、感謝すること、祈ること、それが幸せだと気づくことができなかったからじゃ。病は人間の我欲の業だったんじゃよ」

「お爺さん、昔の大きな町の人たちは何でみんな死んでしまったの？」と、ヤクの毛で編み上げた帽子をかぶった男の子が尋ねました。

「大きな戦争があったんじゃよ。初めは小さな国どうしの戦争だったんじゃ。誰もがすぐに終わる……海の向こうの戦争だから、この大きな町には関係ないと思って、それまでどおりの身体に悪い暮らしを続けていたんじゃよ」

お爺さんは、深く溜息をつきながら続けました。

「始める前から筋書きができあがっている戦争だったはずなのに、人間の我欲とエゴは恐ろしいものだったんじゃ。筋書きを世界中の国々が自分勝手に書き直してしまったんじゃ……自分が勝つように、支配できるように、たくさん奪えるようにとな。世界中が押しくら饅頭してるようになっての。季節が変わる頃には、世界中で入り乱れての戦争になってしまっていたんじゃよ。一瞬で大きな町が消えてしまう大きな爆発が何度も起こったし、毒ガスをまき散らかしたり、わざと病気を流行らせたりしての、世界中の人たちが狂ってしまったんじゃよ。

筋書きでは世界がひとつになって、世界中の人たちみんなが幸せに暮らせる世の中になるはずじゃったんじゃがの。大きな町ではもう人が住めなくなってしまったんじゃ。世界中、どこに逃げても病が追いかけてきての、どんどん人が死んでいってしまったんじゃ。もうあの世界で生き残っているものはいないかもしれんの」

子どもたちの中には、大きな町の悲しみと共鳴して泣き出す子もいました。爺の脳裏にある生々しい光景を見てしまい、頭を抱える子もいました。

「お爺さん、それでも今のこの村には、そんな毒は全然ないよ。世界中を旅してる人たちも、大きな町の人たちは今も元気で楽しく暮らしている、と言っていたよ。お爺さんの話は、まるで別世界のようなお話だけど、同じ世界のお話なのですか?」

子どもたちの一番の年長さんでリーダー役の子が尋ねました。

「そうだね。別世界の話なんだよ。わしは戦争になった世界から、平和になったこっちの世界へと移ってきたんじゃよ。

小さな国がいよいよ戦争になりそうだ、という夜は、とても静かな夜じゃったんじゃ。気持ちよく眠っていたら、急に夜空に大きな虹が架かっての、白い龍神が何匹も飛んでいくのが見えたんじゃ。夢だと思って起き上がって窓から夜空を見上げたら、夢ではなかったんじゃ。本当に夜空にとても明るい虹が架かっていて、真珠のような龍神たちがゆっくりと輪を描きながら飛んでいたんじゃよ。そしての、とても穏やかで優しい気持ちになって、また朝まで寝入ってしまったんじゃ。翌朝、目覚めたら戦争は寸前のところでなくなり、小さな国がひとつになって平和が成就していたんじゃよ。

それからは、世界は急に良い方へと変わっていったんじゃ。他の小さな国々も大きな国々もどんどん和合しあっていったんじゃ。数年後にはワンワールド、ひとつの世界となってしまったんじゃ。国境も消えてしまった。通貨もひとつになってしまった。世界中どこにでも自由に行けるようになって、人種や宗教や権威で差別されることはなくなってしまったんじゃ。

それまでどこかに隠されていた技術が一気に解放されて、フリーエネルギーが世界中に広がったんじゃよ。昔だったら新しい技術を使うためには、たくさんのお金が要ったんだが、新しいこの世界では、誰もがタダで技術を使えたんじゃ。ほら、お前たちも今、当たり前に使っているじゃろ。器械を動かし、車を走らせ、夜に灯りを灯してくれるエネルギーじゃよ。

あれ以来、食も変わったんじゃ。フリーエネルギーがあるから、もう農薬や化学肥料も有機肥料も使わなくなったんじゃ。不思議なもので、あれほど儲けようとしていた人たちばかりだったのに、みんなの身体のことをしっかりと考える農家さんばかりに変わってしまったのが大きかったな。

身体に良いものを食べていると、こころもどんどん平和で幸せになっていくものじゃ。

世界中がスッと慈愛で満たされていくのが嬉しかったの。良い食を食べていると、病気もしなくなっていったんじゃ。こころの病も身体の病も、潮が引くようになくなっていったんじゃよ。

世界中に笑顔が増えていっての、宇宙から見ると地球も笑っているように見えたそうじゃ。そんな笑顔に誘われてかの、あの頃から宇宙の人たちも降りてきて、一緒に食事をしたり、音楽を楽しんだり、宇宙のいろいろなことを教えてもらったりしたんじゃよ。今じゃもう誰が宇宙の人なのかわからなくなってしまったがの、それでええんじゃよ。昔よりもうんと楽しいし面白いからの。

今ではみんな長生きになってしまって、もう年齢なんかどうでもよくなってしまったがの。その長生きのおかげで、誰も死を恐れなくなってしもうたの。ええことじゃ。もうお前たちの世代はみんな、死んだ人たちともお話ができるじゃろ？　姿も何となく見えるじゃろ？　それでええんじゃ。生きてる人とも死んだ人ともこころの中でお話ができる。だからみんなのことを大切に想えるし、どんなに離ればなれになっていても、いつでもわかりあえるんじゃ。

昔は孤独に負けてしまった人たちが大勢いたが、孤独は自由の裏表、今のお前たちのように自由を思いっきり楽しめるのは幸せなことじゃな。とてもええことじゃ。よい世の中じゃ」

お爺さんが優しく微笑むのを見て、子どもたちの気持ちもほんわかと温かくなりました。

「昔の世界はお金がすべてだったって習ったけど、どういう意味だかよくわからないんです。お爺さん、教えてください」と、年長の真面目そうな少年が言いました。

「今の君たちには、お金でモノを買うというよりも、お金でモノをいただくの方がしっくりくるよの。君たちが生まれる前から、お金は感謝だったからの。何かモノをいただくときや何かをしていただいた時に、感謝の気持ちをお金に託してお渡しするじゃろ。感謝が大きいほどお金の金額も高くなる。だからと言って、子どもが差し出す10シエよりも大人が差し出した1万シエの方が高いというわけではないだろう。お金よりも子どもが書いたお礼の手紙の方が喜ばれるし、価値が高いとみんなから褒められるよの。

町のお役所に行くと、10シエは米粒1つの金粒と交換してくれるし、1万シエなら空豆1粒の金塊と交換してくれるの。今の君たちには、米粒と空豆の金の違いなど、よくわからないだろうし、わからない方がこころが健やかで幸せなんじゃの。昔の世界の人たちはの、米粒と空豆の金の大きさと重さの違いに一喜一憂しておったんじゃわ。大きい方が得、重い方が得、高い方が偉い。お金はパワーじゃった。ともかく勝ちたいばかりの世界じゃったんじゃよ。

お金がないと何も買えないし、何もできない世界は、とても不便で窮屈な世界じゃったよの。お金がないから病気になる人も多かったんじゃ。お金がありすぎて病気になる人も多かったの。お金はパワーだから、誰もが手放したがらなかったんじゃ。できるだけたくさんのお金を自分の手元に置いておきたかったんじゃ。

何のためじゃと思う？

お金を貯め込めば貯め込むほど、何のために貯め込んでいるのか、自分でもわからなくなってしまうのが、お金の裏のパワーでもあったわけじゃの。お金持ちたちは、よく言うとったわ。病気をしたら困るっての。そしてみんな年老いていって、最後には病気になって死んだんじゃの。お金持ちほど、病気になると困った顔をしとったわ。

だからわしは思ったんじゃ。お金を貯め込むから病気になるとな。

お金は確かにパワーじゃった。買うことはもちろん、支配することも、権勢を振るうこともできたからの。誰もがお金の前にひれ伏した世界じゃったの。

お金を増やすことを投資と言っての。何が何でも儲けてお金を増やすことだけを考えていたんじゃの。人のためではなく自分のためのお金じゃったの。最後はお金のパワーは暴力じゃった。最高のお金持ちが世界を自分のためだけに動かすようになってしまって、とうとう世界が滅んでしまったんじゃの。暗く恐ろしい時代じゃった……お金のパワーが増すほど、慈愛が消えていった悲しい世界じゃったの」

お爺さんの悲しい話を聞きながら、子どもたちは涙を流しました。

「今のお前たちは幸せじゃの。お金は感謝に戻ったからの。ずっとずっと大昔も、お金は感謝じゃった。だからみんなが分かちあえたし、育みあえたんじゃの。今のお前たちの世の中と同じじゃの。みんなが笑顔で幸せな世界じゃの。すばらしいことじゃ。この世の中を創り出すために、この爺も生き長らえてきたんじゃの。いろいろあったが、よくがんばれたものじゃの。いつも誰かに助けられ支えられてきたからじゃの。ありがたい人生じゃったの。もう十分に楽しめたの」

子どもたちは爺さんに寄り添いながら、背中と腕と足を優しくさすってあげました。

＊　＊　＊

これは、ある宗教家を「これからの天職」へと誘導して見えた未来生・平行次元のビジョンです。

「自分で創ったようにも思えますが、自分自身があの老僧だったと確信を持てます。何集まってきて話を聞いてくれていた子どもたちの中に、今の息子も家内もいました。何という縁《えにし》なのでしょう……これから何をやるべきなのか……やはり内心で思っていた通りでした。これで自信を持って進んでいけます」

天職も天命も、誰もがすでに自分の中に持っています。龍神が目覚めると、天職天命も目覚めます。そして、目覚めた龍神が天職天命を具現化してくれます。人生の大きな節目を乗り越えて、新しい人生が始まります。そこに広がるのは、今、見た未来生でも平行次元でもありません。もっともっと幸福と充実感に満ちあふれた未来です。

龍神は、輪廻転生に縛られない自由な未来を創造させてくれます。

第三章

龍神覚醒人の房中術

古い三次元世界の最後は、騙しあいと強奪と搾取に陥っていました。

ジャンク経済は、ブラック企業、過度の非正規雇用と時間外業務、恐るべき貧困格差などを産み出し、多くの労働者を夢も希望もない奴隷へと貶《おとし》めました。社長も社員たちもストレスと過労に押し潰されて、何らかの心身の病を患《わずら》っていた闇の時代でした。

闇は、人々の愛をも冒しました。

スポーツ・スクリーン・セックスの3S奴隷化政策で、地球上のほとんどの民が「働き者の奴隷」「従順な家畜」となるように洗脳されてきました。

AVをお手本としたセックスが普通の標準セックスだ、と老若男女だれもが闇の時代では信じていました。男は快楽と支配と暴力の快感に溺れ、女は我慢と犠牲と束縛に逃避して、互いに歩み寄ることが許されない闇の時代でした。男は射精の快感だけのためのセックスに明け暮れ、女は妊娠のためだけのセックスを望んだ愛のない闇の時代でした。

そんなジャンクセックスだけの闇の時代に、ようやく終わりが訪れました。

２０１８年、日本だけではなく世界中の磐座が開きました。ついに縄文開竅したのです。大地の奥深くに封印されていた臥龍《がりょう》たちは、一斉に目覚めました。龍たちの目覚めは、人々の丹田深くに眠っていた臥龍たちをも目覚めさせました。ジャンクセックスの呪縛から解放された人々が堂々と、慈愛と感謝に満ちあふれたセックスの大切さを語り始めたのです。

スローセックスが龍神世界の常識です。

龍神覚醒人は、スローセックスの達人です。パートナーへの思いやりは半端ではありません。深い慈しみと感謝と祈りに満ちあふれた和合がもたらしてくれる恍惚感を知ってしまうと、もうジャンクセックスに戻ることなどできないからです。射精への執着を捨てることが、こんなにも深く柔和な愛をもたらしてくれるなんて……。愛するパートナーがすべてを自分に委ねて、性の悦びに歓喜する姿は、女神そのものに見えます。愛の悦びにあふれかえった女神の目の中に、凛々しい男神の姿をした自分が見えます。

お金、もの、権力、支配、ブランドなどの他者評価から自由になれた男は、やっと母の認知と父への競争の呪縛からも解放されて、陽を極めた大人の男に進化できます。

何千年もの間、服従と従属、奉仕と抑圧に一生を捧げてきた女は、やっと父への恐怖と生への不安の呪縛から解放されて、見事に花咲いた女性生を男とともに楽しめる大人の女へと進化できます。

悦びを悦びとして素直に、あるがままに受け入れ、互いに慈しみ感謝し合うふたりは、我欲もエゴも煩悩も超越していいます。支配も遠慮も、不安も恐れも消え去ります。男性生の陽のエネルギーと女性生の陰のエネルギーが和合して、ふたりの輪の中で増殖していく小周天を会得すると、五感を超えた超感覚が一気に目覚めます。

やがて臨界を迎えた和合エネルギーが、ふたりの中脈を通って、宇宙へと駆け登っていく大周天に至ると、宇宙意識とのチャンネルが開き、直感力や予知力のソースと常に繋がるようになります。陰陽のエネルギーが互いの身体を巡り始めると、天地から絶えず新しい元氣が流入してきます。私たちのまわりに空気のように存在している宇宙のダークマターには、生命の根源の粒と呼ばれているソマチッドが満ちあふれています。

活性化されたソマチッドが、どんどん身体に流れ込んできます。元氣とソマチッドの新陳代謝の活発化は、無病息災、健康長寿の源となります。

そんな龍神覚醒人たちのまぐ愛：スローセックスをのぞき見してみましょう。

射精の快感と女性への支配欲を捨てて大人の男となった龍神覚醒君は、いつでもどこでも慈愛のオーラで包まれているのでモテモテです。地球の女性は、本能的に神々しい父性に憧れを抱きます。その安心感に癒され、勇士のたくましさに寄り添う幸福感を味わいたい、と女性本能が求めます。あまねく草木に降り注ぐ陽の光のように、すべての女性たちが分け隔てない慈愛を受け取るので、嫉妬や嫉みや争いなどは生じず、豊かな女性生の和・輪・笑が龍神覚醒君を囲みます。

まぐ愛は、性欲やストレス発散のための我欲煩悩とは無縁です。

パートナーの女性生のエネルギーと龍神覚醒君の男性生のエネルギーがシンクロし増大していく中で、自然と始まります。楽しくお喋りしながら、いつの間にか深く見つめ合い、宇宙の妙なる鼓動と同期しながら、ゆっくりと唇を重ね合います。互いに慈しむこころと感謝の気持ちが深まっていくと、パートナーがどこにどのようにアダムタッチで触れて欲しいかが直感的に伝わってきます。軽いファーストタッチだけで、太陽のような女性生のエネルギーがパートナーの丹田で増殖を始め、柔らかい髪の毛から足の小指の先まで、全ての感性チャンネルがオンとなって悦楽の世界への扉が開きます。

宇宙意識とも神意識とも繋がることのできる共感力をすでに会得した龍神覚醒君は、目の前で繰り広げられるパートナーと宇宙の創造主との恍惚悦楽をともに感じ、ともに楽しむうちに、自らが宇宙の創造主と同一化してしまう究極の快感を覚えます。自らの丹田もクンダリーニの龍神たちで熱く充たされていく快感を覚えた龍神覚醒君は、すでに大宇宙の慈愛の化身となったパートナーとゆっくりと和合していきます。身もこころも魂も全開に開いた宇宙一美しく神々しいパートナーに包み込まれ、受け入れられます。時間も空間もエネルギーの循環もピタリと止まり、光も闇もない空と無の宇宙の中で、愛おしさだけがどんどん大きくなり、やがて大爆発とともに新しい宇宙のビッグバンとなる体験を、和合を通じてふたりで味わいます。

縄文時代には誰もが会得していた和合が『まぐ愛』です。まぐ愛は、互いの肉体にも素晴らしい変化をもたらします。封印されていた直感力や共感力、予知力などの神通力が目覚めてくると、互いの肉体の神経系、免疫系、生殖器機能が驚くべき進化を見せてくれます。

犬の鼻、鷹の目、兎の耳、天使の指先……。万病を寄せつけず、老化を防ぐだけでなく、心身が若返っていきます。

食のエネルギーに頼らないで、宇宙に拡がるフリーエネルギーを糧とする子どもが生まれてくるかもしれません。空中浮遊や壁をすり抜けることができたり、テレパシーや想念からの物質化なども簡単にできてしまう子どもたちです。新しい龍神の世界を担っていってくれる子どもたちです。

龍神覚醒人は、宇宙の愛を知っています。

ジャンクセックスしか出来ない男女は、すべて偽物だと思っても構いません。龍神覚醒人は、新しい経済や産業、教育や福祉を通じて、愛の光に満ちた龍神の世界を構築していくのが天職ですが、もうひとつ、まぐ愛で新しい龍神の子どもたちを産み育てていく大切な天命も帯びているのです。

最近、セックスレスで赤ちゃんを授かる女性が増えてきました。

三次元世界では、「そんなバカな！」と一笑に付されてしまいますが、五次元世界では普通の出来事です。三次元世界で妊娠するために必要なのは、精子と卵子でした。慈愛と感謝の有無は、問われませんでした。

五次元世界では、セックスレスの男女カップルはいませんが、三次元での病や事故などの後遺症で、精子や卵子を失ってしまったカップルはいます。そんなカップルでも、五次元世界では、精子と卵子は必ずしも必要ではないので、自分たちの子どもを持つことができます。

同性カップルでも、慈愛と感謝と「子どもを持つ」想念が強ければ、妊娠・出産なしで自分たちの子どもを持つことができます。

年齢も関係なくなります。

例えば、閉経後の年月がかなり大きく過ぎてから、魂の伴侶と出会うことが五次元世界ではよくありますが、生理や射精の有無は問題になりません。慈愛と感謝とふたりの想い、そして子どもの魂の想いがうまくマッチングして高まれば、妊娠・出産が具現化します。

シングルマザーやシングルファーザーも、五次元世界では普通にいますが、三次元世界のように離婚や死別によるものではなく、慈愛と感謝と子どもを欲する想念が「この人を親にしたい！」という子どもの魂の熱い想いと相まって生み出された子どもです。

赤ちゃんとは、慈愛と感謝に満ちた波動エネルギー体と、宇宙の生命の源であるソマチッドの集合体に、宇宙意識と神意識に祝福された魂が宿った生き物です。

「子どもが欲しい」と龍神に命じると、龍神は想念の具現化に駆け出します。

最適な養子縁組で子どもを連れてくる龍神もいます。気がつけば、ふたりの子どもがいて、ごく普通に、当たり前のように子どものいる暮らしをしていた、という平行次元のリフレイミングを行ってしまう龍神もいます。せっかく地球人の女性を生きるのだから、ぜひとも妊娠・出産したい！　という想いがあれば、僕《しもべ》である龍神はちゃんと主の想いをくみ取って、セックスレスであっても、パートナーがいなくても、妊娠・出産・子育てを楽しませてくれます。

このように龍神がお膳立てしてくれた妊娠・出産は、妊娠ゼロ週の受精受胎から始まるとは限りません。

ある朝、目覚めたら、妊娠6ヶ月だった、8ヶ月だった……もあります。ある朝、目覚めたら、ふたりの間に赤ちゃんが眠っていた……も、五次元世界ではよくあります。ある夕方、ランドセルを背負った子どもが「ただいま！」と帰ってきたけど……あれ？　うちに子どもはいたっけ？　もあります。赤ちゃんや子どもを突然、授かっても大丈夫です。夕方、帰ってきた子どもに、ちょっと戸惑いはしますが、すぐにその子の情報がすべてわかるので、夕食の頃には、見事に「温かい3人暮らしの家庭」に変身できています。

五次元世界のまぐ愛やスローセックスは、子作りセックスではありません。もちろん快楽と煩悩を果たすためのジャンクスセックスでもありません。互いの波動を高めあい、慈愛と感謝を深めあい、ソマチッドを活性化しあい、宇宙や神々と繋がり和合するための崇高なる儀式です。

五次元世界では、守護霊となってくれた先祖たちも、あなたを護ろうと地球に降りてきた宇宙人たちも、あなたを元気づけようと応援してくれている地底人と妖精たちも、そしてもちろん天空の神々たちも、あなたたちふたりの聖なる和合の儀式を見守ってくれています。それは肉体のない守護霊たちにも、性別のない宇宙人や地底人たちにも、万能である神々たちにとっても、自らは体現できない、とても崇高なる儀式です。

恥ずかしい、嫌らしい、汚らわしい、はしたない……そんな感情は、三次元世界へ繋ぎ止めておくための重い足かせに過ぎません。

五次元世界では、ふたりの和合の歓喜の波動を、守護霊、宇宙人や地底人、神々たちとともに味わいあうことができます。そこには祝福と感謝と喜びしかありません。

龍神たちに導かれながら、ふたりの和合したエクスタシーの中で、宇宙全体も歓喜の波動エネルギーで震え、活性化されていくのを感じ取ることができるでしょう。宇宙とひとつになり、宇宙に生命を注ぎ込んだ瞬間です。

ジャンクスセックスのままで、龍神覚醒することはあり得ません。

ジャンクスセックスを卒業するまでの猶予は、あと2年です。

まぐ愛、スローセックスのテクニックは、簡単に習得できます。

まぐ愛、スローセックスの真髄である慈愛と感謝を育むのには、時間がかかります。

今日、このページを読んだあなたには、「まだチャンスが残っているよ」という守護霊、守護神たちからの強いメッセージになったはずです。

どう動けば良いのか？　何をすれば良いのか？

あなたの体を触って感じ取って、こころで聞いて感じ取って、魂がワクワク&ドキドキしてきたら、それに向かいましょう。遮二無二《しゃにむに》、真剣勝負で向かえば、五次元の扉が開き、あなたも龍神覚醒人になれますよ。

●遊女屋の女主人だった過去生からの学び

ある女性政治家さんが「自分の女性生の解放」をテーマにして光の前世療法を受けられました。

見えてきた過去生は、四国の小藩の武士の娘に生まれた人生でした。外では真面目で笑うことのない父と物静かな母、背が高い優しい兄との4人家族でした。貧しいけれど、友だちと野山を駆けまわる元気いっぱいな女の子でした。15才の時、藩が突然、密輸の疑いで取り潰しになりました。父は上司の密告で切腹に、母も後を追って自刃しました。母の血に染まった無念の顔が忘れられません。親戚たちは連座を恐れて誰も来てくれません。兄とふたりで母を葬りました。その兄も、役人たちにお城へ連れて行かれて斬首されてしまいました。

翌日、ひとり残った自分も役人たちに捕らえられてしまい、縛られたまま船に乗せられました。江戸へ送られた自分は、藩を潰した極悪人の娘と蔑《さげす》まれて遊郭に売られました。父はそんな人ではない。何かの間違いだ。訴えようにも、もう誰も知っている人はいません。遊郭に着いた翌日には、無理矢理に客を取らされました。明け方、悲しみや悔しさよりも復讐心でいっぱいになった時、初めて目の前に赤龍が現れて言いました。

「どうする?」

「あなたなら、どうしますか?」

私が赤龍に、父母兄の敵はいつか必ず自分が取るという固い決心を伝えると、赤龍は閨《ねや》に散った純情を啜《すす》り、紅蓮《ぐれん》の炎と化して虚空へと飛び去りました。

貧しい武士でしたが、父母は武家の教養と躾けをしっかりと身につけさせてくれていたので、すぐに和歌に秀でた評判の太夫になりました。紅《くれない》に染まった復讐心が、客好みの笑顔も愛想も作りだしてくれます。やがて客も地位のある武士や裕福な商人ばかりになり、閨の中でさまざまな裏情報を聴き出せるようになりました。和歌を通じて大奥の重鎮たちや幕閣の奥方たちとも通じ合うようになると、まず父の冤罪《えんざい》に関わった上司たちに同様の冤罪をなすりつけて地獄へ葬り去ってやりました。もちろんその一族郎党ことごとくにも生き地獄を味わわせやりました。

これで終わった。あの世の父母兄の元へ行こう……。

この復讐心を晴らすことだけを念じて、これまで生きてきました。もう思い残すことはないはずでした。でも、なぜか死ぬ気にはなれません。どす黒い眼《まなこ》の赤龍に毎夜、とぐろを巻かれて締めつけられる夢が続きました。

「さぁ　どうする？」

「あなたなら、どうしますか？」

「赤龍になってやる」と、叫んで赤龍の口へ飛び込むと、赤龍は虚空へと消えてしましました。

その夜、房中秘術で極楽往生して果てている老中の寝顔を蔑みながら、気づきました。

「私はこの世を動かす力を手に入れた」

馴染みとなった裕福な商人たちから大金を巻き上げてやり、我が身の自由を得た後も、情報収集と人脈強化のために客を取り続けました。もう復讐心も怒りや悲しみもありません。毎夜、閨の中で繰り広げられる、この世の支配ゲームが楽しくてしかたありません。陰口を叩いた商家を即刻、叩き潰すことなど簡単なことでした。気に障った外様大名の藩を、幕府重役との閨話《ねやはなし》に潜ませた讒言《ざんげん》で、取り潰したこともありました。

江戸に来たオランダ人や中国人たちとも閨をともにして、諸外国の情報にも詳しくなりました。特に密輸ルートの情報を得てからは、日本中の商家の生殺与奪の権利を手に入れたように感じました。

恨みは晴らした。

金も権力も手に入れた。

情報の前には、将軍でさえひれ伏す有様だ。

彼女の人生で、最も幸せな場面はこれでした。

「さぁ　どうする?」

「あなたなら、どうしますか?」

「このまま行き着くところまで行くだけのことよ」

尾が3つに分かれた赤龍の中で、彼女は呟きました。

40才の時には、幕閣を動かし新しい遊郭を作らせて、大名主《おおなぬし》となっていました。和歌を愛する好き者のサロンのようですが、内実は裏幕府の様相を呈していました。もう誰も逆らう者など、この世にはいませんでした。

かといって金にも権力にも興味はなく、ただこの世を動かすゲームに興じるのが楽しいだけでした。勝手気ままに賞罰や人事を決めたわけではなく、自分なりの正義のルールを持っていました。そしていつしか、その正義のルールに合致できる権力者と商人たちが秘密の組織を形作り、自分はその中心に立っていました。

京の帝の勅使でさえ、夜は必ず挨拶に訪れてきました。帝の歌には、裏の情報源として大切に思われている気持ちが滲み出ていて、この時はさすがに感激を覚えました。帝からは門外不出の香料をいただき、返礼には南蛮渡来の品物を多数贈りました。

60才になって引退しようとしましたが、秘密の組織を引き継げる有力者が見つかりません。情報と権力の力があまりに強くなりすぎていて、我欲自利の強かった者たちは、ひとり残らず抹殺されていました。

自分の正義のルールが、まるで宗教教義のように絶対になってしまっていたことに気づいても、もう後戻りできないところまで来ていて、結局、83才で病死するまで、自分が中心に立って、自分の正義をこの世に示し続けました。

死の床に臥しながら、人生を振り返りました。40才からの40年あまりに数え切れないくらい何度も暗殺や呪詛を企てられたことが最初に思い浮かびました。

「そんなに私は嫌われ、憎まれていたのだろうか?」「私は本当の極悪人だったのだろうか?」。赤龍に問うても、ただニヤッと笑うだけでした。

死ぬとわかると、それまでまわりに詰めていた人たちがひとり抜け、ふたり抜けていき、最後には誰もいなくなっていましたが、別に悲しいとも悔しいとも思いませんでした。それも自分の正義のルールのひとつだったからです。

「今頃、集まって私の後釜を決めているんだな。まぁ誰がなっても同じことよ。いっそこの世諸共《もろとも》、あの世へ道連れにしてやろうかしらね」

これまで溜め込んできた秘密情報が公表され、大パニックの末に、血で血を洗う戦争が永遠に続く未来のビジョンが脳裏をかすめていきました。

「たんまりと溜め込んでおいた金の秘密の隠し場所も、誰にも教えずに、あの世へ持って行ってしまおうかね。それとも……」

若かった頃、この世を動かすゲームの楽しさに目覚めた時の高揚感が蘇ってきたのがおかしくて、思わず咳き込んでしまいました。

「もうすぐ死んで地獄へ堕ちるのに。私ったら、やっぱり根っからの大悪党だね」

「父母兄にはあの世で会えないけれど、敵《かたき》はちゃんと取ったから喜んでくれているよね」

「まぁこの世の行く末は、この世に残る人たちに決めてもらいましょう。もう私が出る幕ではないわね」

　そして、覚悟していた死に際の悶絶を味わうことなく、スッと魂は身体を離れて宙に浮きました。そこには……いつもの赤龍が待っていてくれました。

　下界に横たわる亡骸を見下ろしながら、「なんて小さな婆だったんだろうね。顔もシワクチャじゃないかい。眉間に深いシワ寄せて、恐ろしい極悪人の顔してたんだね。これじゃ誰も近寄らないはずだわ」

　恨みに満ちた魑魅魍魎《ちみもうりょう》が集まってくるのがわかりましたが、別に恐怖も後悔も感じません。「どうせこれからずっと地獄暮らしなんだから、そうそう慌てることもないだろうに」。魑魅魍魎たちが一斉に何か怒鳴っていますが、聞く耳持たず……何も聞こえてきません。

　赤龍にくわえられて、ゆっくりと上へと昇っていきました。不思議なフワフワした感覚が心地よく感じられます。「地獄というのは、下にあるものだと思っていたけど。まぁいいさ。なるようになるわ」

真っ暗だった夜空が夜明けを迎えたように、上空から青空が降りてきました。喚《わめ》いていた魑魅魍魎たちがどんどん離れていきます。

下界を見下ろすと、案の定、後継者たちが無慈悲な殺し合いを繰り広げているのが見えました。憎しみの炎が江戸の町々を焼き尽くしていきます。すぐに炎は日本全国へ飛び火して……上海、ルソン、インドにも火の手があがりました。「なんだ　やっぱり地獄は下にあったじゃないかね。生きるも地獄じゃゃね」

生きていたのも、死んでいるのも、何だかバカバカしくなりました。

赤龍は我関せずのまま、上へ上へと昇っていきます。「お天道様が昇ってきたよ」。大きな眩しい光の玉が、ゆっくりと降りてきました。「地獄というところは、やけに明るいところなんだね」

そして明るい光の中へ吸い込まれて……光の中心には、優しく微笑む観音様が待っていてくれました。

ここまで連れてきてくれた赤龍は、観音さまのすぐ右手におとなしく控えています。

不思議な力に吸い寄せられるように観音様に近づいて、その大きく柔らかい腕で抱きしめられました。

「ごくろうさまでした。よくがんばってくれましたね」

意外な労《ねぎら》いの言葉にビックリして言いました。「ここは地獄じゃないのですかね」

「あなた方が言うところの極楽ですよ」と、優しい観音様の声が聞こえてきました。

「観音様、自慢じゃないけど、私はずっと極悪非道をやってきたのですよ。私なんか極楽に行けるわけないじゃないですか！」

「その通りですね。これを見てごらんなさい」と言いながら、観音様がソッと頭を撫でて下さいました。

すると、とても懐かしい光景が思い出されてきました。

私の魂は、観音様に呼ばれて雲の上にいます。他にもよく知った魂たち、時々ご一緒する魂たちも集められていました。観音様が私の魂に尋ねました。「今回はこれまで以上の最悪な極悪人を演じてくれますか？　あなたなら出来ますよ」私の魂は、うなづいています。「この魂たちも、いつものようにあなたをサポートしてくれますよ。みんな、存分に暴れてきてくださいね」

そして、観音様から人生のシナリオを渡されました。そこには、この世に終末をもたらすような悲惨な計画が描かれていました。

「観音様、さすがにここまでやると、この世は終わってしまうのではないですか？」

観音様は、微笑みながら答えてくださいました。

「終わってしまうかどうかは、この世の人たち次第です。あなたたちは、この世の人たち、ひとりひとりの意識に、世紀末を目の前にして、どちらの人生を選ぶのか？　その選択のチャンスをもたらしてあげるのが今回の使命です。あなたのこの使命は、ひとりひとりのお金への我欲と、権力という強大な支配欲への執着をあぶり出してくれます。この世の人たちには、３つの未来を用意しておきました。

ひとつは、世界中が紅蓮の炎に焼かれて滅び去る未来です。戦争と病気と貧困が、この世の人たちを皆殺しにしてくれます。あなたたち悪党が、最後まで権勢を振るう未来です。思い切り暴れて、この世の地獄を創ってきてください。

ふたつ目は、この世の人たちが、あなたたち悪党の傍若無人《ぼうじゃくぶじん》な振る舞いに気づき、立ち上がり、自分たちの自由と平和を勝ち取っていく未来です。大暴れしていたあなたたち悪党は、最後には打ち倒されます。そこまでが、あなたたちの使命です。この未来では、この世の人たちは、まだお金の我欲をどうしても捨てきれないために、貧富優劣の格差が残ってしまいます。権力と支配への欲望も形を変えて残ってしまい、大きな戦争と貧困と病気が続く未来になります。すべての人たちが幸せな笑顔になれるのは、この世の人たちにとっては、まだまだ勉強不足で難しいことのようです。この世の人たちがこの未来を選んだら、地球という星の怒りが爆発するまで、また、あなたたちに悪党の役目が何度も回ってきますね。

みっつ目は、この世の人たちが、あなたたち悪党たちの好き勝手にさせてしまっていたのが、実は自分たちのお金への我欲と誰かを支配したいという権力欲だったことに気づき、お金の我欲と権力支配欲を自ら断ち切った新しい世界を創造していく未来です。

この未来では、人間が持っている様々な能力の封印が解かれて、慈愛と感謝に満ちあふれた世界を、あなた方が自由に創造していけるようになります。地球という星の役目も成就されて、あなた方は宇宙と繋がり、宇宙の恩恵を直接受け取れるようになります」

私の魂にも、私をサポートしてくれる魂たちにも、ワクワクした悦びの波動が高まっていきます。観音様は、私たちの魂を、その柔らかい両腕で包み込みながら言いました。

「あなたたちの宇宙は、陰陽流転しています。あなたたちの魂も、この世に宿った生命も、陰陽流転しています。

この世が陽の時は、あの世は陰で和合しています。

あなたたちがこれから降りていくこの世は、長い間の陽が隆盛を極めています。

陽が極まれば、陰陽流転で陰が生まれてきます。

陰陽が逆転する時流の節目を、あなたたちは創り出します。

この世はずっと陽が支配してきました。陽とは男性生。左脳で分析し、パワーで支配する世界でした。お金と権力で支配する悪党たちが跋扈《ばっこ》する世界でした。強い者が勝つ、大きい者が独占する、ずる賢い者が生き残る世界でした。

そんな太陽の者が唯一恐れたのは、夜の魔人です。

昼は陽、夜は陰。夜の魔人は、念じる力に長け、呪術で陽の者たちを呪い殺しました。

あなたもこれまで何度も、最後は呪詛死する悪党の人生を演じてきてくれましたよね。こちらから見ていても、なかなかの名演技でしたよ。

陰は女性生で和の世界です。慈愛と共感で互いに繋がっていきます。

今、この世の時流は、大きく陰へとシフトします。その時流の変換点をもたらすのが、今回のあなたたちの役目だったのです。時流は、蕩々《とうとう》と陽の中を流れている間は、過去も今も未来も、それぞれの平行次元たちも穏やかに時空間を流れていきます。しかし、陰陽が極まってくると、過去と未来と平行次元が今に収束してきて「今」だけになります。そして、陰陽が究極まで極まると、「今」から新しい未来が生まれます。

陽の時代に陰と繋がっていなければ、時流は見えてきません。古い世界に残ったまま、無残な最後を遂げることになります。

陽の時代に陰と繋がっていると、時流を俯瞰することができます。その際、お金の我欲と権力の支配欲が残っていれば、低い波動のままの未来世界を生きることになります。大きな戦争と貧困と病気が続く世界です。お金の我欲と権力の支配欲を解脱できていれば、高い波動の未来世界を生きることができます。慈愛と感謝に満ちあふれた新しい世界の創造主になれます。

宇宙の陰陽流転は続きます。これまでは陰陽だけでしたが、新しい光の世界では、美だとか愛だとか悦びだとか……新しい一軸が陰陽に加わります。それを創造していきましょう。そのためにも、まずは目の前の大節目を克服することです。あなたたちは大悪党としてこの世で大暴れして、多くの人たちがお金や食の我欲と支配欲に目覚めることができるようにしてあげてください。

私のもとへ戻ってきた魂たちは、みんな同じ波動の輝く光です。優劣も大小も新旧もない同じ魂たちです。ただ、それぞれの使命と天職に沿った色眼鏡を魂の目にかけて、この世へ降りて行くだけです。この世で大悪党を演じていけば、我欲とエゴはどんどん膨らみ、濃厚な汚れとなって魂の色眼鏡にへばりつきます。魂の光がちょっとでも漏れ出てしまうと、大悪党になりきれませんからね。そこのところは皆さん、とてもうまく演じてきてくれるので、こちらからも安心して見ていられます。毎回、みなさんがどんな未来を創造してくれるのか、とても楽しみにしています。

もうひとつ、大切なことをお教えしておきましょう。

今回、みなさんが演じてくれた大悪党が闊歩した時流の大節目は、別の時代……過去にもあったし、未来にもある時流の大節目と波動的に繋がっています。今回の時代も時流の大節目ですが、この世にはいくつもの同じような時流の大節目があって、それぞれが波動的に強く繋がっているのです。

今回の時代の大節目で、みなさんが選んだ未来は、当然ですが未来の大節目にも強く関わってきます。みなさんが今回の時代を生きながら、何か大きな流れ、時代を動かすパワーを感じたら、それはもっと前の過去での大節目の波動のパワーかもしれません。逆に未来の大節目の波動パワーが、今回のみなさんの背中を押すこともあります。

未来の大節目を生きている魂たちの波動がとても高ければ、今回のみなさんの大節目の波動パワーをポジティブなエネルギーとして受け入れることができるでしょう。

もし、未来の魂たちの波動が低ければ、今回の皆さんの大節目の波動パワーに押し戻されて、未来はそこで終わってしまうことだってあります。

もちろんその未来の大節目の人生も、できるだけ今のみなさんの魂に演じてもらうつもりですから、未来が終わってしまうことはありませんが……きっと大丈夫でしょう」

観音さまは、赤龍の頭を優しく撫でながら、語り終えました。

「観音さま、未来の私も、やはり大悪党ばかりを演じるのですか？」

「そうですね、あなたは適任ですからね。自分が大悪党だと全く自覚できないまま、この世を地獄にしてしまう人生もありましたね。あの無知蒙昧《むちもうまい》な王様と王妃の人生は、見事に一国を亡ぼしてくれました。あそこまで脳天気な王妃を演じていただけるとは、思ってもみませんでした。あなたの名演技のおかげで、人生の最後を慈愛と感謝に包まれて終えた人たちがたくさんいました。あの魂たちはみんな、波動がとても高く美しく上がって、そのまま次の五次元の世界へと昇華していきました。だからこそ、今回も大いにあなたに期待しています。また楽しませてくださいね。神々もこぞって、あなたの人生を見守っていますからね」

＊　＊　＊

ワークが終わった夜にお礼のメールをいただきました。

「私が女性に生まれた意味がよくわかりました。今からやるべきこともハッキリとわかりました。本当は政治家になるつもりなどなかったのに、抗《あらが》いがたい大きな流れに押し流されるままに今の私ができあがってしまいましたが、その意味も漸《ようや》くわかりました。もう誹謗中傷も怖くありません。私の天命をとことんまで果たして参ります。昨日までの私は鉄の心臓を演じてきましたが、今日からは本物の鉄の心臓です。とてもワクワクしています。ありがとうございました」

第四章
龍神覚醒人の叡智術

龍神は神々の使徒です。神々の息吹に気づかせてくれます。

Ａ・Ｂ・Ｃという事象が起こった時、どれが最も神意に沿っているのか？　を龍神の目は見極めることができます。

Ａ・Ｂ・Ｃという人の言うことの中で、どれが最も神意に叶っているのか？　を龍神の耳は聞き分けることができます。

Ａ・Ｂ・Ｃという本の中で、どれが最も神意を伝えているのか？　を龍神は読み取れます。

龍神は、神意に沿って次々と出会いをもたらし、知恵を広げ、高めるように促してくれます。この世に漂っている膨大な知識の中から、天命、天職、天朋、天意に沿った知識だけを吸収して知恵と成せるように導いてくれます。

龍神から愛されて、知恵を授かることのできる人は、どんな人でしょうか？

生きとし生けるものすべてが大好きな人です。

子供のように素直で、正直で、あるがままに何でもＯＫな人です。

慈愛と感謝と笑いがこころに満ちている人です。

龍神が見えた時、声が聞こえた時、息吹を感じた時を思い出してみてください。ほら、このみっつの中のどれかだったでしょう?

知恵は上から降《ふ》ってきます。天上界から龍神が携えて降りてきてくれるので、龍神の知恵は必ず上から降ってきます。三次元の世界には、我欲とエゴ、煩悩が生み出した「悪知恵」がありました。この悪知恵は、横や下から刺さるように顕在意識の中に入って来ます。龍神の知恵は上から降ってくる。悪知恵は横や下から差し込む。これは龍神覚醒の秘伝のひとつです。

五次元の世界になっても、我欲とエゴ、煩悩は残ります。ただ五次元の人たちは、もうそれらに囚われなくなるだけです。悪知恵も陰陽正邪の中庸に戻って、楽しいウィットや冗談に姿を変えます。知恵とは本来、ワクワク&ドキドキするもの、楽しいもの、面白いもの、笑えるものです。崇高な知恵ほど宇宙の理に叶っているので、シンプルで、簡単で、誰にでも理解できて&使いこなせて、楽しいものです。そこには善悪や優劣、止邪はありません。選ばれた人にしか知ることの許されないような知恵など、知恵ではなかったことは、三次元の世界を顧みれば明白です。

五次元は知恵の世界です。龍神たちがどんどんと知恵を運んできてくれます。龍神の知恵は、波動を高めるだけでなく、美しく輝かせたり、彩りを添えてくれます。魂はますます元気旺盛となり、宇宙が拡がっていきます。三次元世界で求めていたお金やモノ、優越感、独占は、五次元世界ではまったく見向きもされなくなります。五次元世界で「価値」というよりは「大切」にされるのが知恵です。

どの知恵も共有されます。

どの知恵を深めるかも自由です。Aという知恵を持つから偉い、Bという知恵がないからダメだ、とは誰も思いません。知恵にリスペクトすればするほど、互いにリスペクトしあう世界が広がります。龍神たちが知恵の中を気持ちよさそうに泳いでいるのが見えた時、あなたも立派な龍神覚醒人です。

龍神覚醒人は、智恵を読書で養います。

士農工商の時代、武士と商人の違いは、ひと目でわかりました。武士は、いくつになっても読書をしていました。お金も生活の余裕も勝っていた商人は、今でいうＴＶのワイドショーが大好きでした。それはそれで大衆風俗を形作り、文化の多様性の担い手となりましたが、噂話や流行は一時のものでしかなく、智恵にまではなかなか昇華できませんでした。

デジタル情報に埋め尽くされている現代では、必要な情報を瞬時に得ることができます。ネットからは凄まじい勢いで情報が流れ出し、まるで津波にのみ込まれてしまったかのように不要な情報に溺れ、喘ぎ、窒息寸前な人々が世界中にあふれています。本はもちろんのこと、雑誌でさえ読まない人々が急増しています。読まなくても、それ以上の情報を得ることができるからです。

脳全体を使わなければ、読書はできません。本は、文を見るだけでなく、文を読み込み、考えることを求めます。脳の中で思考して、やっと知恵の種となります。垂れ流しのデジタル情報を何も考えずに浴びているだけでは、知恵は育まれません。フェイクニュースや猛毒を潜ませたネット情報に洗脳されてしまいます。

龍神覚醒人は知恵を求めます。飽くなき探究心で、ありとあらゆる知恵を欲します。もちろんデジタル情報も必要に応じて活用しますが、読書第一主義は譲りません。すべての本の中に、龍神の卵が宿っています。その龍神の卵を拾い集めてきて、自らの知恵の中で温めながら、孵化を待ちます。すぐに孵る卵もあれば、数年、数十年かかって孵る卵もありますが、龍神覚醒人にとっては、その孵化するまでの時の流れの上で、龍神とともに漂うのが無上の喜びです。

知恵を育む喜びこそが、この世に生まれてきた意味のひとつだからです。

知恵を育めば育むほど、波動は高まります。

知恵を磨けば磨くほど、波動は美しくなります。

脳で考え、こころで感じることを放棄して、ただネット情報を浴びているだけでは、波動は汚れて低下します。

２０１９年は、魂を目覚めさせなければいけない年です。

２０２０年の大晦日には、五次元の地球を楽しんでいなければいけません。

魂の目覚めには、知恵を要します。愛の知恵、幸の知恵、美の知恵、光の知恵……どれもが膨大な知識を熟成して得られる賜物です。本には、その膨大な知識を、著者が長い年月をかけてやっと熟成して得られた知恵が書かれています。読者はそれを読むだけで、自らの知恵とすることができます。読むだけで、自らの波動を高めて、来たるべき五次元の世界への入口をくぐり抜けることができるのです。

龍神覚醒人の読書量だけは、年々増大しています。知恵が深まり、波動が高まるので、龍神覚醒人の手元には、波動の高い本がどんどん集まってきます。知恵も波動もさらに高まっていく善循環となれば、魂の覚醒は揺るぎないものとなり、より大きく崇高な龍神を友とすることができます。

「どうしたら波動を高めることができますか？」には、

「まず本を読みなさい」と答えます。

「どんな本を読めば良いですか？」「誰の本がお薦めですか？」には、「あなたがメンターにしたい人の本を読みなさい」と答えます。

あなたがメンターにしたい人の波動とあなたの波動は、どこかでシンクロしているからです。この地球の、このすごい時期に生まれてきた目的がシンクロしているのかもしれません。同じ星生まれだったり、ソウルメイトだったりすることもあります。メンターが育んできた知恵を受け取ったあなたは、その知恵を大きく美しく開花させる壮大な計画があるのかもしれません。

龍神たちの聖なる計画通りに導かれていることもあります。

まずは、臆することなく読んでみることです。寝食を忘れるくらい没頭できなくても、「何となく続きが気になる」なら、その本は間違いなくあなたの波動を浄化し、高めてくれています。本は波動を高める最高の活力剤であり、五次元への入口の鍵は本の中にあります。２０１９年、必ずあなたの五次元の鍵を本の中に見つけ出すことができますよ。

三次元世界は、左脳人間が恐竜のように闊歩していた時代でした。学校も、仕事も、家庭も、愛情も、すべてが左脳優位で、強いほど、多いほど、高いほど、早いほど優れていて、「より幸せ」だった時代でした。

龍神覚醒人の脳は、五次元の脳です。左脳と右脳がひとつに溶けあうように統合されています。CTやMRIで画像検査しても右脳と左脳には何の変化も認められませんが、波動量子的に診ると、明らかに&急速に統合脳へと大進化しています。同時に、眉間の第三の目がとても大きく開いて、眩しい光のエネルギーが太い柱状に天空に向かって突き上げるように伸びています。中には、巨大なキャベツのような眩しく美しい光の塊が、おでこからあふれ出している人もいます。大きく見開いた第三の目から中を覗くと、生き生きと活性化され、エネルギー的に大きく膨らんだ松果体が見えます。龍神覚醒した松果体は、ヒトデのように伸ばした足をアンテナにしながら、ゆっくりと三次元的に回転しながら、すべての宇宙や神々と交信したり、エネルギーを享受したりしています。

眉間の第三の目を朝日や夕日に向けると、太陽の生命エネルギーが流れ込んできて、松果体を介して、身体中のソマチッドを活性化してくれるので、不食やサンイーターの状態に近づいていけます。目を閉じて、意識を松果体を介して宇宙意識や神意識に向けると、宇宙の叡智であるアカシックレコードや神々の叡智と繋がることができます。木々や磐座に触れると、地球意識や地底人たちと繋がることもできます。

五次元の脳への統合を加速させる術があります。

安全、安心、簡単、安価な、誰にでもできる龍神覚醒術です。

それが尿療法です。尿療法ほど自然医学にマッチした療法はありません。五次元医学の代表格です。尿は自分の内なる声です。身体・こころ・魂の声がすべて揃っている波動量子水です。3000年以上前からインドに伝わる古文書『ダーマル・タントラ』では、尿を「あらゆる種類の病苦をすっかり駆除する力」を有する神聖な飲み物として、敬意をもって扱っています。

この方法を一ヶ月続けれていれば、からだは内側から清められる。

二ヶ月間飲み続ければ、感覚が力強く研ぎ澄まされる。

この方法を三ヶ月続けていれば、あらゆる種類の病苦が消え去って、あらゆる悲惨な苦痛が消え失せるでしょう。

この方法を五ヶ月続けていれば、すっかり健康になって、しかも神々しい眼力を授かるでしょう。

この方法を六ヶ月続けていれば、並はずれた知力を得られるでしょう。

七ヶ月続けていれば、驚くほど強靱な健康を得られるでしょう。

この方法を八ヶ月間続ければ、からだは、光輝く黄金のように、神々しい輝きを帯び、その輝きは一生永続していくでしょう。（中略）

このやり方を一年間続ければ、太陽の輝きを得ることができます。

（『尿療法大全』　クーン・ヴァン・デル・クローン／論創社）


三次元世界の人たちは、尿療法ができません。しようともしません。三次元世界での常識を捨てられないし、破ろうともしないからです。尿療法は、自分の心身魂の声を聞く療法です。心身魂の声が聞こえない人たちに、龍神の声が聞こえるわけがありません。尿療法できない人たちは、五次元世界には入れても、五次元世界の住人となることは決してできません。

「龍神を見たい、龍神に会いたい、龍神と話をしたい」

この願いは簡単に叶います。特に２０２０年末までは、五次元世界と三次元世界はピッタリと寄り添うようにくっついていますので、誰でも容易に行ったり来たりできるからです。

パワースポットに行って、ピース写真を撮って、グッズを買ってくるだけの人たちと同じ三次元波動の人にも、龍神は話しかけてくれます。賢い犬が見知らぬ人たちに「かわいい〜」と撫でられると、愛想を振りまいてくれるのと同じです。２０３２年末までは、そのようなエセ龍神使いがたくさん現れますが、尿療法ができない覚醒者はすべてニセ者です。

尿療法は神意識をもたらしてくれます。神に近づく＝龍神覚醒です。あらゆる物事や出来事にこだわらなくなります。これこそが「今を生きる」「今を楽しむ」境地です。「～のために」という三次元的な打算は消え去り、「神さまの水をありがたくいただく」という五次元的な感謝と慈愛に満たされた波動になります。尿療法ができない三次元の人たちは、五次元世界の人たちから見れば、「なぜできないの？」と、何とも哀れで残念な人たちなのです。

この龍神覚醒の指南書をお読みの方々は、当然、「な～んだ、そんな簡単なことで龍神覚醒できるのか！」と、笑われたことでしょう。龍神覚醒は、それほど誰にでもできる、とても簡単なことなのです。お金も、準備も要りません。どこかへ行く、時間を割く必要もありません。トイレに行って、ゴクン！　と飲むだけで、龍神覚醒が始まります。

左脳で考える前に、やってみる！

あなたの龍神は何色かな？　お楽しみに！

●新技術が夢に湧き出るベンチャー企業社長の過去生からの学び

小学校時代から、自分の興味のある教科は素晴らしい成績を残しますが、興味のない教科は全く手つかずで、何度も「自閉症では？」と疑われてきました。

3歳の時に祖母から「この子は特別な子だから、何があっても大切に守り抜いてやってください。この子には白龍が守護してくれています。この子は神に選ばれた子です」と言われた言葉が胸に刺さったお母さんが、学校の先生や医者から、どんなに病気だ、と言われても頑として「この子は大丈夫です」と言い張って守り抜いてきてくれました。

中学、高校と長所を見抜いてくれる先生ばかりと出会う幸運に後押しされて、無事に希望していた大学に入れました。入学試験の朝、白龍が雲の中で泳いでいるのが、彼にだけは見えていたので、彼には「大丈夫だ」という確信がありました。白龍がくれた確信は、やがて絶対的な自信をもたらしてくれました。白龍の声が、彼の直感力を冴え渡らせてくれました。

大学でもじっくりと育ててくれる先生たちに巡りあえて、電子工学、バイオ農業、量子波動工学を学びましたが、これらもの出会いも、白龍が紡いでくれた縁と直感力のおかげでした。

やりたい、行きたい、と思ったらジッとしてはおられない性格なので、大学を2年休学して、東南アジア、チベットとインドを歩き回りました。もちろん白龍の導くままの放浪の旅でしたが、大学では10年かかっても得られないだけの智慧と絆を持ち帰ることができました。

この頃から年に数回、とてもカラフルな夢を見るようになりました。その夢のどこかには、必ずあの白龍の姿が見えました。

初めは寺院や洞窟や滝などの夢でしたが、その夢を見た数日内には、それがどこなのかがわかる情報が、不思議とどこからか舞い込んできました。それは龍にまつわる伝説のある場所だったり、龍の一字が入った宿名だったり、龍との縁が深いガイドさんだったり……すべてが「龍」と関係している場所でした。その夢に現れた場所へ行ってみると、自分にだけは、その場所が夢と同じ極彩色に見えていて、どこかに白龍が顔を覗かせていることに驚きましたが、そんなことを話すとまた、異常だとか病気だとかと言われることが、子どもの時からの経験で身にしみてわかっていたので、誰にも話しませんでした。

夢に導かれて訪れた極彩色の場所の中で、白龍はいつも眩しく輝いている仏像や仏舎利、磐座や大木に巻きついていました。その眩しい光を眉間で受け取ると、いつも素晴らしいアイデアが浮かんできました。それはまるで眩しい光の中から、自分の頭の中に瞬時に与えられたような不思議な感覚で、断片的な閃きではなく、そのまま文献化できる程の整理整頓された情報の形で受け取れました。それらは、これまでの物理化学や既存の農業の科学概念をひっくり返してしまうようなアイデアばかりだったので、さすがに自分でも怖くなって、しばらくはノートに書き溜めておくだけでした。

しかし、カラフルな夢は、そんな臆病さを許してはくれませんでした。

無重力の暗黒宇宙に放り出されて、永遠に漂う恐ろしい夢が毎夜、襲ってくるようになり、真冬でも汗びっしょりになって飛び起きてしまうことが度々ありました。漆黒の宇宙に大きな黒板をくわえた白龍が現れて、ものすごい勢いで近づいてきたかと思った次の瞬間、自分の意識は黒板の中にありました。黒板に真っ白いチョークで、夢に教わったアイデアが描かれていきますが、同時に自分の脳にも刻み込まれていく感覚が、翌朝になっても、とてもリアルに残っていました。

もう逃げられない、と観念した彼は、書き留めておいたアイデアを論文にまとめて発表しました。〝とんでもない〟と〝画期的〟は裏表です。国内ではどの学術雑誌も相手にしてくれませんでしたが、インドのある学術雑誌だけが高く評価して、論文を掲載してくれただけでなく、インドの大企業のオーナーがわざわざ会いに来てくれました。

彼の夢のアイデアは、こうして世界企業で実用化されることになり、彼はロシアに新しくできた研究所を与えられて、彼の夢のアイデアの研究に没頭できるようになりました。普通の人から見れば、その研究所は、彼とアイデアを守るための厳重な監禁施設でしたが、自閉症気味な彼にとって、そこはパラダイスでした。自分の好きな時間に、好きなだけ研究ができます。食事も寝るのも彼次第で、必要なものはすべて手に入りました。研究アシスタントたちは、みんなとても優秀で、彼のアイデアをしっかりと理解してくれていたので、日々の学術的な討論はもちろんのこと、プライベートな時間の雑談も、とても楽しく盛り上がり、彼は充実した毎日を送っていました。結婚願望どころか結婚という既成概念さえなかった彼でしたが、世界中から集められた女性の学者やスタッフたちは、彼がアプローチしさえすれば、すぐに親密になってくれました。

そしてこの頃から、彼の夢はますますリアルになり、夢の中を泳ぎ回る白龍の数も増えると同時に、画期的なアイデアを思いつく頻度も増えていきました。

彼のアイデアの中のひとつに、タイムトンネルがあります。もちろん彼の研究所の地下深くには、古い坑道を再利用した長大な実験用タイムトンネルが建設されていました。そのタイムトンネルが本格的に起動し始めると、彼の夢は封印を解かれたかのように、遙か古代世界を映し出すようになりました。そこはアトランティスの世界でした。

彼の夢が伝えたアイデアが、すべて現実化されている素晴らしい世界です。白龍たちも、この世の猫たちと同じように、みんなから普通に愛され、かわいがられていました。

そこに生きる人たちの顔立ち、身長、体格、プロポーションは、今と同じくらい多様性がありましたが、彼には褐色の肌と黒髪と茶色の瞳の人だけしか見えず、ひとつの言語しか聞こえてきませんでした。彼の夢では同じ肌と髪と瞳であっても、ひとりひとりの波動とオーラがとても個性的なので、ひと目で誰だかわかりました。

リアルになった夢の中で驚いたのは、テレパシーでした。

誰かと会話していても、言葉として聞こえてくる数倍の情報と感情が、眉間から脳とこころに直接流れ込んでくるような感覚を覚えました。それは相手が目の前にいない時でも可能でした。ただ繋がりたい相手のことをこころに念じるだけで、瞬時に繋がることができました。もしこちらからテレパシーを飛ばしても、相手が今はダメだと感じたら、繋がることはできませんが、後で相手に時間ができた時に、こちらの想念を読み取ってもらうことはできました。

波動の高さがシンクロしなければテレパシーは繋がらないので、現代のメールやネットに似てはいますが、すぐに読まないとか返事を返さない云々でトラブルが起こることなどありませんでした。もちろん白龍たちとも、このテレパシーで話します。神々からのメッセージだけでなく、神々の目で俯瞰《ふかん》すれば、どう見えるのか？　神々から次はきっとこうするだろう、というアドバイスを、龍たちは伝えてきてくれました。

彼が見たアトランティスには、小さなケガはありましたが、病気はありませんでした。誰もが自分の身体のことを、とてもしっかりと理解していました。テレパシーと同様に、自分の身体の声が聞こえるのです。毎朝、目覚めた時、もし身体のどこかに未病が現れていたら、その部位からの声が聞こえてきます。その声は病の警告だけでなく、病を治すために今やるべきことを教えてくれました。病の部位だけでなく、身体中の臓器や関節、皮膚などからも、病を治すための声が聞こえてくるので、その日に食べるべき食材、運動と休息、訪れるべきヒーラーといった声の指示通りに過ごせば、病はすぐに治ってしまいました。

アトランティスの人々も老化はしましたが、現代よりもずっと老化の進行は遅く、寿命は３００才から６００才、中には８００才を超える人もいました。もちろん寝たきりや認知症などを患う人は、ひとりもいませんでした。老化と年齢の壁を越えたアトランティスの人たちにとって、見た目はまったく意味をなさなくなり、そこは多くの体験と精神的に深い学びを得た人ほどリスペクトされる世界でした。必然的に老人ほどリスペクトされモテる世界でしたので、若者たちは寸暇を惜しんで勉学、運動、旅、仕事に勤しみました。

アトランティスでは、さすがに日常の小さなケガはありましたが、大きなケガや事故は、予知力が働くので、ほとんど起こることはありませんでした。この予知力を基にして占星学や易学、手相や人相学（波動オーラ学）などが編纂されていきました。それらは現代とは逆で、予知して避けることのできた事象と大自然や宇宙の理との関係をダイナミックに考察していく学問で、特に男性に人気がありました。

アトランティスで唯一恐れられていた病は、予知力やテレパシーや神通力が使えなくなってしまう病でした。白龍も見えなくなってしまいます。

アトランティスだからと言って、失恋や嫉妬がなくなったわけではありません。特に若い内は、自我をコントロールすることができずに、失恋や嫉妬をしてしまうことも多々ありました。このような若さゆえの病は心配要りませんが、時に何ら精神的にも自我にも問題はないのに、この病を患ってしまう人がいました。

数日~数週間の短期の病は、アトランティス人の麻疹のようなもので、多くの人たちが経験しましたが、時に数年も患ってしまう人もおり、その病の詳細な原因も何千年にも渡って研究されてきましたが、結論は得られないままで、アトランティスは終わってしまいました。

彼が知っているアトランティスは、春のアトランティス（後期アトランティス）と呼ばれていました。前期の「月のアトランティス」との境界には、宇宙からの大コンタクトがありました。

月のアトランティスは、目に見えるモノから必要なモノを作り出す文明でした。現代と異なるのは、人々の我が創造主によって封印されていたために、ワンネスの平和で豊かな文明だったことでした。

ある時、宇宙から多くの人たちが白龍たちとともに降りてきて、アトランティスの世界を一変させました。最も大きな変化は、五感の向こうにある広大なエネルギー資源を活用できるようになったことでした。この宇宙エネルギーと共感できない人たちは、虹の身体となって消えていってしまいましたので、春の時代から月の時代へと移り住むことができたのは10分の1の人だけになってしまいました。アトランティスの人たちは、これを永遠に記憶するために、遺伝子工学を用いて自らの指の数を10としたのでした。(それまでは何本指だったのか？　の記憶は彼にはありませんでした)。

月の時代になると、人々は想念でモノを創り出せるようになりました。

食物や日用品はもちろんのこと、巨大な建物やさまざまなモニュメントも、人々が集まり想念すれば、忽ち現実化できました。空を飛ぶことや海を渡ることは、ひとりで簡単にできました。実際に白龍に乗ることもできました。白龍に乗れば、宇宙のどこへでも、神々の国へでも連れて行ってくれました。この月の時代もとても長く続いたそうです。月の時代の終焉も、天からやって来ました。

今度のコンタクトは、宇宙からの声でした。白龍たちの悲しげな声が世界中にこだましまして、すべてのアトランティスの人々の意識が、文明の終焉が近いことを知りました。天の声に従って、再び10分の1の人たちが生き残り、次の文明への種となることになりました。

若いアトランティスの人たちを集めると、ちょうど10分の1の数になりました。月の時代を忘れないように、遺伝子工学で指の爪に半月の紋章を残しました。若者たちは、磐座に偽装したアトランティスのヨットに乗り込みました。ヨットの数は数千にも及んだそうです。磐座のヨットを守るように、白龍たちがゆっくりと泳いでいます。白龍たちに守られながら、磐座は大地を離れて空高く舞い上がり、若者たちは深く静かな眠りに入りました。数百年後の草木動物が戻ってきた大地の上で彼らは目覚める、と天の声から告げられていました。アトランティスの叡智も、その時にともに目覚めることになっていました。

大地に残った人たちも、静かに心安らかに天の声が告げたその時を待ちました。巨大な地鳴りが大海嘯の到来を告げ、アトランティスは滅亡しました。

彼は、アトランティスの叡智にも触れることができました。

現代科学を遙かに超越した技術力に圧倒されはしましたが、芸術と哲学の発達も目を見張るものがありました。遺伝子操作による生命技術には、恐ろしささえ感じました。あらゆる生命体を意のままに創り出せる神術の領域に達していたからです。

そんな高度な科学技術に、中庸をもたらしていたのが哲学でした。

人間に我を与えると、どのようになるのか？　アトランティスの哲学は、この命題を長い年月をかけて論じ続けてきましたが、その過程で、宇宙意識と繋がって宇宙の理を極めたり、宇宙人たちとの交信術を磨き上げることができました。白龍たちを介して、神々と深く議論することもできました。そこで磨かれた術は神通力と呼ばれるようになり、やがて5つの女血族に色濃く引き継がれていきました。

結局、アトランティスの時代には、人間に我を与えることは封印されました。我欲は、その陰影効果で慈愛をより活き活きと浮かび上がらせてくれます。我があるからこそ愛が深まり、愛とは何かに近づくことができます。

すでにワンネスの世界だったアトランティスの人たちは、我欲に充ちた人間たちの世界を何度もシミュレーションしてみた結果、人類の叡智をさらに深めることができるという結論に達して、次の人類文明の人たちには、我を与えることに決しました。

人間に我を与えるために、新しい世界を創り出す若者たちには、遺伝子工学によって肌、目、髪の毛の色に多様性を与えられました。同時にテレパシーも神通力も想念の力も、すべて封印されました。白龍も見えなくなりました。

我は欲望を生み出します。

長い困難な時代を生き抜いていく中で、欲望はさまざまな食、金、モノ、支配、権力を生み出すでしょう。争いの絶えない世界を続きます。病が蔓延して、人々は死を恐れるようになり、肉体にフォーカスする時代が続くでしょう。

我欲に満ちあふれた物質中心の世界は、やがて自滅していきます。そして予想通りに、何度も何度も自滅していきました。アトランティスのシミュレーションでは数百回に1

回ですが、人類が我欲を乗り越えることができた世界が現れました。彼らは、この奇跡に賭けました。苦難の時代を生き抜いていく人類のために、アトランティスは、人間の中に慈愛の波動センサーを埋め込みました。我欲を超越した愛おしさを感じられるようにしたのです。

我欲の対極に慈愛があります。

この慈愛の中にいる時だけ、アトランティスの叡智と繋がり、アトランティス人のように、宇宙エネルギーで生きることができるようになります。テレパシーも神通力も想念の力にも繋がることができます。白龍と再び朋友となることができます。

肉体へのフォーカスが、宇宙へのフォーカスに切り替わるにつれて、病と死の恐怖が薄れて、生の悦びと感謝が充ちていきます。精神エネルギーは美へと向かい、新しい芸術が生まれてきます。どんな芸術が生まれてくるのか？　までは、アトランティスでもわかりませんでした。天上界の神々にも、それはわかりませんでしたので、龍神たちに新しい芸術が誕生する瞬間をしっかりと見届けてくるように命じました。

我があるから、慈愛がわかり、愛が深まります。

死があるから、生命がわかり、生を楽しめます。

カラフルな夢は、この慈愛の色、この生の悦びの色、新しい美の芸術の色だったことに、彼は気づきました。そして、漆黒の闇に浮かんだ黒板は、アトランティスの叡智であり、今まさにその叡智の封印が解かれ始めたことを知りました。

＊　＊　＊

波動が高まってくると、夢がリアルになってきます。同時に、アトランティスやレムリアなどの失われた地球文明や宇宙の星々の先進文明と繋がりやすくなります。龍神覚醒した人の多くは、もう普通にアトランティス人だった過去生や地底人だった平行次元、宇宙人の『もうひとりの自分』と繋がっています。中にはこの症例の社長さんのように、未来の技術や知識を今に持ち帰り活用することが天職である方々もおられます。

龍神は時空間に縛られません。過去にも未来にも平行次元にも瞬時に飛んで行けます。

２０１８年、過去の文明や宇宙の叡智の扉が開かれました。これからどんどん新技術や大発見が起こります。

「これで自信を持って夢を実現していけます」

龍神が元気になればなるほど、想念の現実化が早まります。時間は早く流れますが、自分の時間や家族との時間は、かえって多く取れるようになります。三次元世界では、何かを得るためには何かを犠牲にしなければなりませんでした。龍神が目覚めた五次元世界では、誰も何も失ったり犠牲になったりすることはありません。

宇宙は慈愛と感謝で満ちあふれています。龍神が動けば、そこに慈愛と感謝のエネルギーが流れ込んできます。誰もが幸せ、みんな笑顔な近未来へ、あなたの龍神とともにジャンプアップしましょう。

第五章 龍神覚醒人の時間術

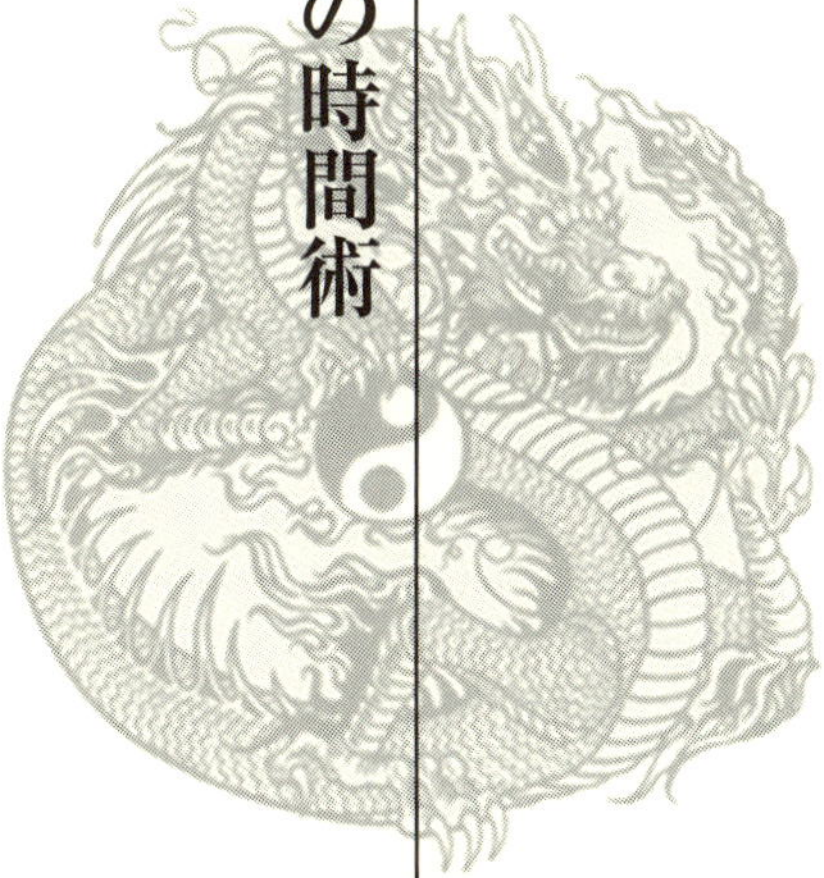

時間はとても大切です。いつの時代、どんな文明になっても、お金で時間は買えますが、過ぎ去ってしまった時間を買い戻すことはできません。龍神覚醒人は、時間をとても大切にしています。それは「早寝早起き」の習慣に見て取れます。

龍神覚醒人は、早寝早起きです。

早寝早起きこそが、波動を高める秘訣だからです。寝坊&夜更かしの人たちの波動は、低く汚れています。1日24時間のどこをどのように使うかで、波動の良し悪しがはっきりと分かれます。龍神覚醒したトップリーダーは、付属のジムの朝が早いかどうか？で滞在するホテルを選びます。彼らが選ぶホテルは、早朝3時や4時にオープンしているのが当たり前です。龍神覚醒リーダーは、早朝4時までに起きます。軽く身支度を調えてジムに向かいます。日本の温泉旅館の朝のように、ヒゲ面&寝ぼけ眼《まなこ》にヨレヨレ浴衣で、温泉に向かうようなことは決してありません。

ジムで泳いでフィットネスをして、軽く汗を流しながら身体と脳を目覚めさせながら、龍神意識を覚醒させていきます。ヨガや瞑想をしながら、龍神意識を覚醒させる方も多いです。ジョギングやウォーキングを、自らの龍神覚醒の日課としている方々も多いです。ジムで汗を流しながら、商談やオリエンテーションをしている龍神覚醒リーダーたちをよく見かけます。その光景は、龍神同志の崇高な波動が共鳴し合って、まるで2匹の龍が戯れているかのようにも見えます。時には、ここぞとばかりに一緒に汗を流しながらプレゼンテーションをしている若手もいます。そんな若龍を見ると微笑ましく、未来がパッと明るく感じます。きっと未来の一流の龍神覚醒トップリーダーに育ってくれることでしょう。

ジムの後は出社までメール整理や情報収集をしたり、面談や小会議をします。この早朝の時間帯が、龍神覚醒トップリーダーにコンタクトしやすい時間帯です。ブレックファーストミーティングは数ヶ月先まで予約に空きがなくても、龍神覚醒トップリーダーには、「朝6時からのご都合は如何ですか?」と尋ねて、それがダメでも、「朝5時からのご都合は如何ですか?」と重ねて尋ねても構いません。それがダメでも、「では早朝ジムをご一緒させていただけますか?」でOKをいただけるでしょう。もし「そんな早くから！　君は何を考えとるんじゃ！」と叱られたら、その方には龍神は宿っていませんので「君子危うきに近寄らず」で、ご縁を結ばない方が賢明です。

龍神覚醒人は、時間をとても大切にしています。当然、自分の時間を大切にしてくれる人を大切にします。約束の時間厳守は当たり前です。時間を無為に奪われるのを嫌います。

メールも要点のみがうれしい。

長い挨拶文や要領の得ない長文は嫌われます。さすがに女子高生のラインのような「一文字」は商用メールでは使えませんが、誤解が生じない配慮がなされていて、要点のみが分かりやすく推敲されたメールの発信者には、会ってみたいと思います。これはプレゼンテーションや商談でも同じです。下手な忖度は龍神が最も嫌うところです。龍神覚醒人は、決断力も直感力も冴えていますので、ど真ん中ストライクを投げてきてくれると心が弾んできます。小細工は通じませんが、相手の時間を大切にしたい、というリスペクトは、必ず汲み取ってくれます。

龍神覚醒人は、仕事を終えるのも早いです。

今できる仕事と今日はまだ出来ない仕事の見きわめをつけるのが早いのです。龍神たちが泳ぐ宇宙の大いなる流れを直感的に読み取る神通力が備わっているからです。

あなたが一日の中で迷いに費やす時間は、どれくらいありますか？　龍神覚醒人には、その迷いタイムがありません。その分、仕事も早く終わります。仕事を早く終えても、夜のつきあい飲み会や懇親会、政治家との会食などは、極力避けます。会うべき人は龍神たちが縁を結んでくれることをよくわきまえているので、異業種交流会や名刺交換会には参加しません。波動の低い人たち、波動の汚れた人たちからの悪口や誹謗中傷をまったく気にとめないでいられるのは、龍神の宿る確固たる自分軸を持っている賜物《たまもの》です。

逆に、龍神から「この人に今すぐ会いなさい！」と言われた人には、万難を排して会いに行きます。龍神が命じると同時に、時間と距離と費用が消えてしまいます。どんなに多忙な相手にでも、神がかり的なタイミングで直に会って縁を結ぶことができるのも、龍神覚醒術のひとつです。

龍神覚醒人は、自分のプライベートな時間をとても大切にしています。

家族との時間、趣味の時間、お稽古の時間。どれもが自分の波動を高め、癒しをもたらしてくれる大切な生命の時間であると同時に、龍神の波動を高めるために必須の時間だからです。

龍神覚醒人は、プライベートに仕事を持ち込みません。

プライベートと仕事が混在してしまうと、挙げ句の果てには、生きがいを喪失してしまうことをよく知っているからです。仕事は仕事、プライベートはプライベートと明確に線引きしながら、両者のバランスを上手く取っています。

龍神覚醒人は、バランス感覚にも秀でています。龍神を乗りこなすためには、日常のすべてにおいて絶妙のバランス感覚が必要だからです。右左、上下、前後、過去と未来。わずかに片寄っただけで、龍神は暴れ馬のように暴れて振り落とされてしまいます。

龍神にしがみつくのではなく、龍神の背を乗りこなす。

龍神覚醒人は、中庸の本当の意味を肝に銘じているのです。

龍神覚醒人は、1日の中でたっぷりと自分の時間を使って、夜8時か9時には夢の中にいます。早寝早起きが習慣化していると、寝つけない、眠りが浅いなどの不眠症とは無縁になります。どんな場所でも、すぐに寝入ってしまいます。グッスリと眠って、早朝には自然にスッキリと目が覚めます。早寝早起きをしている龍神覚醒人の1日24時間は、波動の低い人たちから見れば、とても短いように見えますが、本人はとても長く充実した一日を楽しんでいます。早寝早起きは、すべてのホルモン分泌を賦活してくれます。龍神覚醒人にとって最も重要なホルモンは成長ホルモンですが、このホルモンは入眠後30分から1時間後に現れる徐波睡眠の時に最大分泌を迎えます。波動の低い夜更かし生活者は、この徐波睡眠が障害されています。睡眠時間をしっかりと取っているのに朝から怠い、やる気がしない、テンションが上がらないのは、この成長ホルモンをはじめとする様々なホルモン分泌の乱れが原因です。女性の生理不順や肌荒れ、冷え症、便秘、頭痛なども、早寝早起き生活に変えただけで治ってしまうことがよくあります。

夜更かし生活の人と早寝早起きの人の違いは、60才以降になると、とても顕著になってきます。誰が見ても歴然とした差がわかるくらい、夜更かし生活の人は老けます。がんこ・石頭・昔自慢の残念3点セットな老害人になってしまいます。そこに睡眠薬など常用したら、もう最悪です。判断決断が裏目裏目に出てしまいます。

龍神たちはもちろんのこと、波動の高い人たちも逃げ去り、波動が低く汚れたゾンビたちが集まってきます。当然、運気も低迷続きで、最後には、神さまや守護霊たちにも見離されてしまいます。早寝早起きを常としていると、早朝の閃きと決断が最も確かであることに気づきます。ぐっすりと眠っている間に、脳内でさまざまな情報が分析され、取捨選択されます。そして、早朝に目覚めた時には、整理整頓された情報が俯瞰して見えてきます。昨日まで難攻不落だった問題を何とか解決しようと四苦八苦していた自分を、龍神の目で俯瞰して見てみると、昨日までの問題点と今日やるべきことはこれだ！と気づけます。「なーんだ、そうだったのか！　だったらこうすればいいのだ！」と、何ら迷いなく決断を下せます。

迷いのない決断ほど、強いものはありません。

龍神が後押しするのは、迷いのない決断だけです。

夜の決断ほど危ないものはない。決めるなら朝だ！

早寝早起きの龍神覚醒人たちは口には出しませんが、みなさん、この教訓を会得されています。

このように早寝早起きを習慣化しても、何ら失うものはありません。自利他利ともに１００％のノーリスク＆ハイリターンですから、龍神覚醒人としてこれほど嬉しいものはありません。早寝早起きに馴染めずに去って行く友人や取引先があれば、それは波動の低く汚れたゾンビたちですので、「去ってくれてありがとう！」と喜べます。君子危うきに近寄らずです。入れ替わるように、新しい波動の高い人たちや取引先が、龍神たちに導かれるようにして現れることを知っているので、龍神覚醒人に孤独や焦燥感はありません。いつでもワクワク＆ウキウキしています。天意に沿う、天恵を授かる、龍神を友とするには、このワクワク＆ウキウキは欠かせないこころの波動なのです。

●室町武家当主の過去生からの学び

後継者を誰にすべきか？　で悩まれていた社長さんが見た過去生でのお話です。

源氏の御世《みよ》から、京の都で御所の警護のお役目を代々任されていた武家当主の過去生が見えてきました。祖父と父から戦場での奮戦活躍話を、幼少期からずっと聞かされてきて、自分も武芸には精一杯の鍛錬を積んできたつもりでした。しかし戦いは父の代までで、自分は一度も先祖伝来の緑縅《おどし》の甲冑武具を身にまとって実戦したことはありませんでした。もちろん家族にも家来たちにも、不自由な生活を強いることなどない模範的な当主であったと自負していますが、齢50を過ぎて息子たちも次々と立派に元服して、そろそろ家督を誰かに譲らなければ……と考えるようになりました。

公家の娘であった正室が産んだ長子は、やはり母親の血なのか、公家好みの諸芸に秀でています。武芸も決して劣るわけではありませんが、どこか古《いにしえ》の公達《きんだち》の風情を感じさせるところが難点でした。

「果たしてあの物腰で、いざ実戦となった折りには、一族郎党の長としてやっていけるのだろうか？　あの子の守護龍神も深緑色だから、まちがいなく龍神に守護されている子ではあるはずなのだが……。

いや、あれは公家たちからの人望も厚く、我が家の朝廷での面目も高まっておる。朝廷と公家たちの内情を探るには持って来いの人材だ。今は泰平の時代。予期せぬ戦に備えるよりも、既存の安寧隆盛の道を進んだ方が良いのではないだろうか？

あれならば、わしと同じ凪《な》いだ海のような人生でも、公家の人脈を使って、それなりに家名を高めてくれるはずじゃ。

万が一、戦が起これば、わしが全軍を率いて戦えば良いだけじゃ。戦は実利。例え隠居でも、家来たちは実力のある者に従うはずだ。わしが戦えば家名を守ることができる」

彼にはもうひとり、家督を託せる息子がいました。

御所の表の警護は彼ら武家の役目ですが、裏の警護は八瀬童子が担っていました。彼も幼少の頃から親しくしていた八瀬童子たちを通じて、鴨の川原にたむろする傀儡子《くぐつっこ》たちとの親交を深めていました。波浪漂泊の民であった傀儡《くぐつ》たちから聞く諸国や朝廷幕府の情報は誰よりも早く正確だったので、家督を継ぐ頃には、幕府にも公家たちにも一目置かれる立場となっていました。

傀儡たちは老若男女、みんなそれぞれの龍神を携えていました。傀儡女《くぐつめ》が孕《はら》むと同時に、胎児の守護神である龍神が現れます。赤子となり、傀儡子へと育っていくのを片時も離れずに龍神は守護し続けてくれます。龍神の子どもは傀儡子と一緒に川で泳ぎ、山野を駆け回り、ともに冒険の旅に出て、傀儡子が大人となる頃には、鱗が神々しく輝く一人前の立派な龍神となっていました。

彼も傀儡たちと親しみ交わる中で、自然に彼を守護してくれる龍神を手に入れていました。彼の龍神は夏の深緑色でした。龍神を初めて見た時、先祖伝来の甲冑が緑緘だった理由がわかりました。祖父にも父にも、この家には代々、龍神が付いて護ってくれていたのでした。

京の傀儡女《くぐつめ》の中には呪術に秀でた女が多く、朝廷からも呪詛の依頼がしばしば彼のもとへ舞い込むようになると、自然に傀儡の統領たちとの親交も深まりましたし、裏の蓄財から、より良き家来たちを抱えることができるようになりました。

そんな傀儡たちから差し出されたのが京傀儡の大統領の娘で、彼は側室として迎えました。その婚儀には朝廷から公の祝いが届き、公家たちも先を争うが如くに祝いに参上したほどに艶やかでしたが、不思議と幕府からのお咎めもなく、彼は今で言うＣＩＡ長官の位を得たのでした。

もちろんその傀儡女は、表向きはさる公家の養女として側室に上がったわけですが、大統領の娘だけあって見事な南蛮刀剣術を使いこなすだけでなく、七変化にも呪詛呪術にも卓越した腕前を見せてくれました。何よりこの娘の房中術のおかげで、彼はますます元気闊達になり運気隆盛が続きました。この傀儡女との間に生まれたのが、もうひとりの家督を託したい息子でした。この子の守護龍神も深緑色でした。

この末子は、武芸にも和歌音曲にも非凡な才を見せてくれ、性格温厚で誰からもかわいがられていました。傀儡の血のせいか、ハッとするような美しく凛々しい顔立ちで、口さがない京娘たちの憧れの存在でもありました。

この末子自身は古《いにしえ》の平清盛に憧れており、絶えず目を遠く海の向こうへと向けた進取の精神に富んでいながらも、朝廷や公家と幕府の闇を見透かす目も持っていました。家督を譲るには最適な人材だと感じていますが、こころの中のどこかで何かが引っかかってるような……それはこの末子に家を継がせたら、きっと天下泰平から内憂外患な世の中に大激変してしまう予感がしていたからです。

思い悩んだ末、傀儡女の婆さまに相談しました。

「鞍馬山奥の院に7日間籠もり不眠不休で不動明王を讃えよ。必ずなすべきことが見えてくる」

婆さまに告げられた通りに堂籠を始めて5日目のことです。蝋燭1本だけの薄明かりで照らされた狭い堂の下から、おどろおどろしい呻き声とともに鬼人たちを従えた閻魔天が現れたかと思うと、問答無用に彼の守護龍神とともに閻魔天に飲み込まれてしまいました。そのまま閻魔天の中を龍神に乗って漂っていると、野獣のような真っ黒い声が聞こえてきました。

「長子を選んだ先を見せよう」

長子は公家から嫁を取り、すぐに跡継ぎも授かって家内安全な日々がしばらくは続きました。末子は母や嫁が嫌ったので縁を切ると、何も言わずにどこかへ行ってしまいました。自分も出家して東山に庵を結び、馴染みの傀儡たちと瘋狂《ふうきょう》を極めながら天寿を迎えました。

やがて応仁の乱が起こると山名宗全の西軍に組しました。それは公家の利益を優先させた決断でした。代々、京の警護を任されていたために元々の領地への支配力は弱く、すぐに隣国であった東軍の赤松氏に領地を奪われてしまいました。金銭の蓄えはあったものの表立った領地を失ってしまうと、逃げ出す家臣も増え、武力も目に見えて劣ってしまいました。呪術も情報も途絶えた長子を公家たちはいとも簡単に捨て去りました。正しく下克上です。長年、信頼を置いていた家臣の裏切りに合い、一家もろとも惨殺されて終わりました。

長子には娘がいましたが、難を逃れて母の実家の公家へと向かいました。しかし、母の実家は門を固く閉じたままで、娘を受け入れてはくれませんでした。やがて追っ手の下郎たちに捕まり、散々に辱められながら絞め殺されました。武士であった家臣たちは、公家風を吹かす長子家族を憎々しく思っていたことに、もっと早く気づけばよかった……首を取られた長子の魂は、痛恨の声をあげたのでした。

再び閻魔天の中に戻ってきました。

肉体はここにはないはずなのに、三日三晩の合戦をしてきたかのような疲労困憊を感じながら龍神につかまっていました。閻魔天は、そんなことにはお構いなしに言いました。

「末子を選んだ先を見せよう」

末子は家督を継いだ後も、長子に朝廷と公家の御用をできるだけ任せて、自分は裏方に回って家を支えていきました。幕府内はもちろんのこと、京だけでなく全国津々浦々の大名や豪族たちの動静が膨大な情報となって日々、末子のもとに集まってきました。末子はこの世の安楽泰平が続くことだけを願って、戦や動乱の芽をいち早く潰していきました。傀儡の統領たちだけでなく、殿上人の中からも同志たちが駆けつけてきて、末子を助けてくれました。

やがて長子が歩んだこの世とは別のこの世を、末子が歩んでいるのが見えてきました。もうこの頃には、末子の龍神は長子の龍神の数倍も大きく逞しく、神々しく輝く龍神となっていました。長子のこの世で起こったさまざまな動乱や戦が、末子の世界では起こりませんでした。もちろん応仁の乱も起こりません。跡目争いはすべて事前に察知されて、しかるべき手を打たれて解決してしまっていたからです。

暗殺、失踪、呪詛などは、末子の手を汚さないように配慮されていました。ただ、龍神を介して、末子はすべてを事前に知ってはいましたが、「安楽泰平な世のために」という自我軸は決してぶれることはありませんでした。問題が起こる前に、問題を起こしそうな人物を見きわめることに徹しすぎていたきらいはありましたが、この時代はそこまでしないと、安楽泰平な世にはならなかったのでしょう。

「情報そのものには善も悪もなく、情報を誰と、どの規範に基づいて、どのように見極めるのかで、未来は大きく変わってしまうことを学びました」と、この社長さんは後にしみじみと語ってくださいました。

末子が家督を継いだこの世は、その後もずっと安楽泰平を謳歌しました。

政治的には地方分権が進み、信長、秀吉、家康が武力と経済力で築き上げた日本統一とはまた違う形でのワンワールドとなっていきました。文化の面では伏見桃山や元禄を待つこともなく、とても早い時期に、より自由で闊達な文化が日本各地で花開きました。

傀儡は波浪漂泊の龍神の民です。

末子が家督を相続できたおかげで、その情報網は国内だけでなく、アジア、中東、ヨーロッパ、そして新大陸へと広く繋がっていきました。そのおかげで軍事面、特に武器に関しては、世界中で最新情報を共有できるネットワークがすでにこの頃からできあがっていきました。世界中の海と空を龍神たちが飛び回っているのが見える民が次第に増えていきました。

スペインによる南米文明の破壊も、アフリカの奴隷地獄も、ヨーロッパ列強によるアジア植民地化も起こりませんでした。龍神とともに目覚めた人々が見事に、邪悪な芽をすべて摘んでいきました。

ヨーロッパの貴族社会は、緩やかに庶民たちと同化していき、搾取と支配の暗黒時代を避けることができました。ルネッサンスや産業革命の到来も早まりました。貴族社会が庶民と融和したために政治革命は起こらず、日本同様に世界中の国境が薄らいでいきました。

暗黒時代が到来しなかった。

それはごく一部の特権階級が世界を支配するシステムが生まれなかったことになります。世界大戦も核爆発も大震災やテロも起こらなかったこの世があったわけです。たかが中世の小国日本の小さな家督相続が、意識の持ちようで、その後の世界の行く末を大きく変えてしまうことだってあるのです。

目の前にあるのは、自社の後継者選択というちっぽけだけど切実な問題ですが、その選択の場に立つ時、如何に我欲とエゴと常識を捨て去って、ただ世のため人のためにとの純真無垢な想いを抱いて立つことができるのか……。その想いを会社従業員と家族、取引先の家族の範疇を超越して、日本、アジア、世界へと広げていければ、ちっぽけな決断が世界を変えてしまうことだってできるのです。

この社長さんは、この前世療法で大きく目覚められました。どなたを後継者に指名されたかは存じませんが、年々の年賀状に添えられている深緑の龍神画の表情からは、間違いない選択をされたことがうかがえます。

第六章
龍神覚醒人の天命術

龍神覚醒人は、己の天命を知っています。

それは今生の天命でもありますが、それ以上に、この2018年からの3年間という地球最大、いや宇宙でも滅多に味わえないと羨望されている地球と人類の大進化を実体験するために、この地球でこれまで何度も転生を繰り返してきた悠久の意味を思い出す天命でもあります。

2007年頃までの天命は「学び」でした。

地球で肉体を持つと、さまざまなネガティブな感情を味わえます。

病を天命の糧に選ぶと、苦痛、絶望、悲しみ、恐怖と不安、自己否定、依存や逃避……この世のすべての闇が容赦なく何度も襲いかかってきてくれました。

愛を天命にすれば、嫉妬、悲しみ、さびしさと孤独、失望、虚無感……病では得られなかった闇までも味わえました。

仕事に天命を置けば、お金が生み出す魔界を探索することができましたし、やりがいや生きがいが我慢や忍耐や自己犠牲を強いてくれました。

宇宙は愛で満ちあふれています。

そんな愛の宇宙の中で、これほどまでのネガティブを体験できる星は、とても少なかったのです。私たちの魂は、とてもワクワク&ドキドキしながら、喜び勇んでこの星へとやって来て、魂を磨き上げてきました。

2008年以降の天命は「今を楽しみなさい」に変わりました。

もう魂を磨く必要はなくなったのです。この頃から、過去も未来も平行次元も「今、この時」に収束し始めました。そして、2012年頃には、すべての次元が「今、この時」の一点に収束してしまいました。私たちのこの宇宙には「今、この時」しかなくなってしまったのです。「今、この時」の中に、すべての過去生も未来生も、平行次元も、「もうひとりの自分」も「生きている」状況になりました。

次元が「今、この時」に収束する以前は、平行次元や「もうひとりの自分」が「今」の自分と出会うことはできませんでしたが、「今、この時」しかなくなった今では、平行次元の自分や「もうひとりの自分」に出会ったり、愛しあったりすることも、何の間題もなく、できるようになりました。

２０１５年頃からは、町ですれ違う人たち、ネットで繋がる人たちが、まるでトヨタ・日産・マツダ・フォード……と車を分類できるような感覚で、いくつかの人間モデルグループに分類区別できるようになりました。バッチフラワーレメディのバッチ博士が人間の性格を38種類に分類したように、電車の中やスーパーの買い物の際に、たまたま居合わせた人たちを10数種類の人間モデルパターンに分類できるのです。

それはまるで演劇の通行人役のように感じられます。同じ人が次から次へと現れるのです。「神さまもとうとう手抜きを始めたのかな？　すれ違うだけの通行人役の人たちのキャラ作成まで手が回らなくなったのかな？」と当初は笑っていましたが、すべてが「今、この時」に収束したことを知った時、そのような宇宙の中心のような一点である「今、この時」を創造しているのは、他ならぬ自分自身である証だ、と気づきました。

過去も未来も平行次元も、自分が生きている今も、バラバラだった時には、人間は「今」を生きるのが精一杯で、とても「今、この時」を創造することなどできないので、神さまが手取り足取りしながら、シナリオを書いてくれたり、照明を当ててくれたり、通行人を配置してくれたりしてくださっていたのです。そして今、ようやくひとり立ちできそうなところまで魂が磨かれ、波動が高まってきたので、神さまは手を引いて、すべてを私たちに任せてくださったのです。

龍神覚醒人の天命は、「今、この時」を創造することです。未来ではなく、「今、この時」を創造するのです。

２０２０年を過ぎると、「今、この時」から新しい過去と未来と平行次元が生まれ始めます。これらを新しく創造していくのが龍神覚醒人の天命です。まったく新しい「もうひとりの自分」が宇宙のいたるところに誕生するのです。

この宇宙は愛です。

もし愛以外の何かを創造できれば、新しい宇宙が生まれます。宇宙は、そんな新しい宇宙が創造されることをとても心待ちにしながら、龍神覚醒人に天命を託しています。

宇宙の本質は愛です。

龍神も愛の化身です。

地球も愛の星です。

そんな愛の中で生を受けた私たちには、愛を味わい尽くす天命があります。そして、愛以外の何かを創造するという深い天命を龍神さまとともに担っているのです。


２０１８年に入って「生きがい」を求める人たちが急増しています。

20年前のスピリチュアル全盛期にあった「生きがいの創造」が再び燃え上がってきたような勢いを感じて、驚いています。

生まれてきた意味
今生の目的
人生の使命や天命
天職
ソウルメイト

三次元の世界の総決算を迎えて、

これまでの人生とは何だったのか？　これからの新しい人生を歩む自分とは何なのだろうか？　この2点で深く悩み、大きな壁にぶつかって足踏みしている方々が「光の前世療法」に救いを求めて受診されます。

2017年までの人生の総決算を提出しなくても、これからの2年間に龍神覚醒すれば、五次元の世界に入れます。

五次元の世界の住人となれたら……もう天命はありません。天職もありません。五次元世界では、神も天も自分も同じ存在であり、同じ意識体だからです。

もう学びはありません。

すべての知恵を思い出した今、新たな創造にワクワク&ドキドキする毎日を過ごせます。本物の「生きがいの創造」であり、新たな宇宙の創造です。この1年で五次元世界が拡がりました。その目覚めのエネルギーを受けとった人々が「生きがいの創造」をリニューアルし始めた兆しが、光の前世療法・光との対話を受けられる方々が増えたことに見て取れます。

光さんという高次の意識体と直接、繋がることで、これまでの人生の総決算も、これからの生き方も、すべて一瞬のうちに悟ってしまいます。「もうひとりの自分」というちょっと難しい概念も、宇宙に拡がる無数の平行次元の様相も、スッと理解できてしまいます。

それは正しく「覚醒」です。

一生を何度も捧げて、ようやく解脱、覚醒できた悟りを、2019〜2020年の2年間だけは、瞬時に得ることができるのです。このゴールデンタイムを逃せば、再び三次元の世界で悟りを求めて、さまよい続けることになります。

惜しい、実に惜しい！

できるだけ多くの魂たちに、三次元世界を卒業していただき、一緒に新しい五次元世界を創造していっていただきたいと切に願っています。

●どん底をさまよった過去生からの学び

なぜ私の人生は、こんなに次から次へとどん底の苦労が続くのか？　と悩まれていた町工場の社長さんの過去生です。

そこは産業革命まっただ中のイギリスでした。船1艘だけの小さな廻船業を営んでいる両親の長男に生まれました。父も母も一日中とても忙しそうに働いていて、幼少期は祖母が面倒を看てくれていました。両親の仕事は順調で、学校に通い出しても、友人たちより少し豊かな生活をしていました。「子どもの頃は幸せだったな」と、少年の魂の声が聞こえてきました。父の仕事を手伝うようになって、「もう1艘船を増やせそうだな」と、普段笑わない父が嬉しそうに笑う姿を見ると、自分の未来がとても明るく感じられて、どんなに働いても元気いっぱいになれました。町の実力者の娘とも恋に堕ちました。相思相愛で両親も大喜びです。

ところが……季節外れの大寒波に襲われて、多くの船が沈没する事件が起こりました。父の船も大量の船荷とともに沈んでしまいました。一夜ですべてを失ってしまったのです。膨大な借金を抱えた両親はふさぎ込み、やがて自死してしまいました。婚約していた娘はもう会ってくれません。結婚は破談になってしまいました。

「女は裏切るものだ」

彼は一生結婚しない、と誓いました。

「もう絶対に船には乗らない」

昔の船員たちから何度も仕事の誘いがありましたが、彼はずっと海に背を向けたままでした。教師となった彼は、淡々と教えるだけで何も自分を語らない日々を平々凡々と過ごしました。

「なんとかこんな日々から抜け出したい」

時々はそんなことを思うこともありましたが、年月を重ねていくうちに満足も不満も、怒りも希望もない日々が、ただ流れ去っていくだけになっていました。

50才になった頃、ロシアの貴族に英語を教えることになりました。船旅は嫌だったけど仕方ありません。蒸気船に乗って荒れた海へと船出しました。ところが……夜中の銃声で目覚めると、船は海賊に襲われて、船員たちは殺され、乗客たちは海賊船に乗せられて、どこかに連れて行かれてしまいました。海賊は乗客のひとりひとりに言いました。「死ぬか？　奴隷で働くか？　選べ！」。口答えした乗客は、容赦なくその場で殺されました。泣き叫ぶだけの女も、喉を掻き切られました。彼は死ぬのが怖かったので、奴隷生活を選びました。

海賊たちは、数カ国語を話せる彼を通訳として海賊船に乗せました。奴隷ですから一日中雑用でこき使われました。ただ海賊が獲物の商船を捕まえた時に、隠し金庫の場所や高貴な乗客の有無を船長に問いただす役目があったので、あまり殴られることはありませんでした。腫れ上がった顔やケガだらけの身体で乗客や船員たちの前に立つと、脅えてしまって何もしゃべらなくなってしまうことを海賊たちが知っていたからです。「お前にケガはさせないぜ！　ジェントルマンの方が安心してお宝の在処《ありか》をしゃべってくれるからな。そのかわり……」。彼は海賊たちの夜の慰みモノにされました。その夜も何人もの屈強な海賊たちにもてあそばれました。もう身体の痛みも、こころの痛みも、何も感じなくなっていました。海賊たちが寝静まって、彼は異臭の漂う床に投げ捨てられたままの姿で暗闇を見つめていました。

突然、闇の中から灰色の龍が現れて、痛々しい呻き声で喘《あえ》ぐ彼に向かって語りかけてきました。

「なぜお前は死なないんだ。奴隷はみんな自死するのに……。お前は何を待っているんだ」

彼は、こころの中で龍に答えました。

「私には、ずっと希望も夢もありませんでした。自ら希望や夢を持とうとしませんでした。希望と夢を探そうとしたこともなければ、誰かの希望と夢に感動したこともありませんでした。あの大嵐が、私の幸せも希望も夢もすべて奪い取ってしまいました。

あの時以来、私は過去を振り返ることも、未来を見上げることも避けてきました。今も見たくないので、しっかりと目を閉じてきました。私には何も見えていません。何も感じられません。何も要らない、誰にも関わりたくありません。

なぜ生きているのかって？……ただ死ぬのが怖いだけです。死とは何かなんて知りたくもないけれど、ただ死にたくないだけです。毎晩こうして男たちに腰を砕かれ、腸《はらわた》を掻き回されても何も感じません。私の悔しさ、恥ずかしさ……怒りと憎しみは、どこに消えたのでしょうか？　男たちの白濁にむせかえりながら、私は尚もこの身体の中にしがみついています。悲しみも苦しみも、もちろん喜びもない私に、どうすれば希望や夢がやって来るのですか？　私には、今この瞬間に心臓が止まっておくれ！　という希望さえないのです」

灰色の龍が叫びました。

「これを見よ！」

嵐に船を奪われてしまった父母が頭を抱えて泣いています。父母には、息子を一人前に育て上げて、息子の家族とともに幸せに暮らしていく夢があったことを彼は思い出しました。

「あの時は私もひどく落ち込んでしまって、父母の気持ちを考える余裕はありませんでした。今、思うと……」と灰色の龍に答えようとした瞬間に、彼は「あの時」に戻っていました。静かな闇の中から灰色の龍が言いました。

「さぁ　どうする?」

あなたなら、どうしますか?


「私はずっと父母に愛されてきました。今こそ父母に恩返しする時です。涙をぬぐって、笑顔を作って、自分の部屋を出ていきます。父母のところへ行って、父母が再び希望を持てるように慰めます。私はこれから必死に働きます。父母を笑顔にするために、できることなら何でもやります。私には父母が育んでくれた教養があります。この教養を活かせば、何とかなるはずです」

すべてを失った父母と彼は、屋根裏部屋へと引っ越しました。彼は最も給料の良い教師の職を探し出してきて、掛け持ちで働き始めました。彼の必死さが良きエネルギーとなって生徒たちにも伝わり、彼の町での評判は上がっていきました。愛しあっていた娘との縁談は一旦はご破算になりましたが、それは娘の父親が、彼のやる気と運気を計るためにあえて仕組んだものでした。

「さぁ　どうする？」と、灰色の龍が言いました。

あなたなら、どうしますか？

「あの時、私はあんなに大切に想っていた人を、何もせずに諦めてしまいました。もうだめだ、と初めから決めてかかってしまいました。どうにかしよう、何とかしよう、ともがき苦しむことを避けてしまいました。

私は彼女よりも、自分のことが大切だったのです。彼女は、私ががむしゃらに奪い取ってくれることを待ち望んでくれていました。両親を捨ててでも、私との愛を成就しよう、と決めてくれていました。それなのに私は……何もしませんでした。ただ諦めてしまいました。諦めるのが一番楽だったからです。

私は必死に働いて、必ず迎えに来ることを彼女に約束しました。彼女の手の温もり、涙の美しさがこころに焼きつきました。それを勇気と希望の糧として、私は昼も夜も必死で働き続けることができました。

私の必死さを見て、助けてくれる人が現れました。父の借金を助けてくれた人、上流階級の家庭教師として紹介してくれた人、外国との重要書類の翻訳の仕事をくれた人……たくさんの人たちが手助けしてくれました。

おかげさまで父も新しい仕事に就くことができましたし、母も内職を紹介してもらい、顔色に生気が戻ってきたのが嬉しかったです。彼女も私との貧しい生活を考えて、趣味で習っていたピアノとチェロを、まるで鬼が乗り移ったかのように猛烈に練習を始めて、いつでも音楽の先生になれるまでに上達しました。夜遅くまで聞こえてくるピアノとチェロの音に、彼女の両親も、彼女の決心が揺るぎないことを悟り、彼女を応援してくれるようになりました。

数年後、父の借金を完済できました。狭い屋根裏部屋の生活も終わり、父母は自分たちの収入だけで小さな部屋を借りての生活を始めました。

私も町はずれの古い家を借りることができました。そして彼女は、両親に祝福されながら嫁いできました。彼女の父親から祝いのピアノが届いた時の彼女の笑顔は最高でした。彼女は毎朝、父が大好きだった曲で弾き始めをします。感謝と喜びをいつまでも忘れないように。

私たち夫婦は、3人の子どもたちを授かりました。私は上流階級の人たちとのご縁が広がって、ゆとりをもって仕事ができるようになりました。外国の要人たちとのパイプを利用したいと、政治家や高級官僚たちが内密な仕事を持ってきてくれるようにもなりました。

海を荒らし回っていた海賊が一網打尽に捕まった時には、私は裁判官の通訳として法廷に立っていました。海賊たちとは全く面識などないはずだったのに、とてもこころが重苦しくなって、涙がこぼれたのには驚きました。海賊ひとりひとりの尋問中、とてもいたたまれない気持ちになり、急に腰も痛くなりましたが、海賊全員の死刑判決が降りると、そんな気分も腰痛も、嘘のように晴れ晴れと消えてしまいました。裁判所まで迎えにきてくれた妻との帰り道、夕日に照らし出された私の長い影が、いつもよりも薄く軽くなったように感じられました。何かが取れて、こころが吹っ切れたように感じました」

闇の中の灰色の龍は、容赦なく次の場面を見せつけてきました。それは海賊に捕らえられて「死ぬか？　奴隷で働くか？」と迫られている場面でした。

「さぁ　どうする？」

あなたなら、どうしますか？

「海賊たちに私の学問の利用方法を提案します。捕虜との通訳だけではもったいない、と話します。例えば、乗客の家族への身代金の脅迫状を書くのはどうだ？　と、こちらから提案してやります。どうせ海賊たちは行き当たりばったりで、目の前の金しか見えていません。私の武器は学問です。海賊たちよりは数段、頭脳明晰です。海賊たちの頭《かしら》も、腕力と船の操舵力だけは優れていますが、頭脳はさっぱりなのは、すぐに見抜けました。

この海賊たちの頭脳となれれば、海賊たちに無茶なことはされないでしょう。もし海賊たちが捕まっても、殺すと脅されて仕方なしにやったことにしてしまいます。どうせ海賊たちは死罪ですから、死人に口なしです。生き抜こうと決心したら、不思議と知恵が回ってきます。ある商船会社とは、秘密裏に安全を保証する契約を結びました。もちろんたんまりと契約金はいただきましたが。

これまでの海賊の腕力勝負の戦いから、近代兵器を買い入れて、海賊船を武装化するように提案しました。すると商船や輸送船は、海賊船を見ただけで震え上がり、無条件降伏してしまうようになりました。おかげで海賊たちの負傷者や死者が格段に減り、私は海賊たちの家族からも、とても感謝され、大切にされるようになりました。

他の海賊たちの動向を軍隊に内通して、拮抗する海賊たちの勢力をそぎ落としたこともありました。軍隊に手柄を差し出す代わりに、こちらを目こぼししていただく裏の相互協力です。おかげで軍隊トップの将官たちとの闇の繋がりが持てました。将官たちは、さすがにしたたかです。軍や政治の中での闇の仕事を、私たち海賊に依頼してくるようにもなりました。暗殺、拉致、強迫……もちろん多額の報酬付きです。

そんなことまでしていいのか？　なんて思慮する余裕はありませんでした。生き残るためなら何でもやる！　その強い信念が、私の勇気と立ち回りの原動力でした。

もちろん海賊の頭の立場を凌駕することだけは、決してしないように心がけました。頭のひと言だけで、私の首が飛ぶことは重々承知していましたから。

それでも10年近くは、そんな生活を続けていたでしょうか。

ある時、軍のトップから、海賊たちには内密の依頼が舞い込みました。それは、海賊を抜けて、軍の秘密組織に入らないかとの誘いでした。ちょうど海賊の頭が世代交代する時期でしたので、私はこのチャンスを逃しませんでした。海賊たちが跡目争いをするように、前々から仕組んでいたのが役立ちました。海賊たちの中に、私を慕ってくれている隠れ一派が出来上がっていましたので、私はその一派を連れて軍へと入りました。

もちろん軍を100％信用はしていませんので、海賊と軍の二重スパイのような緊張関係をあえて保ったままにしておきました。そのおかげで、私は軍からも海賊からも貿易商からも、むやみに手出しできない存在になれました。

これも生き残るためです。生き残るためなら何でもやる！　それが私でした」

場面が消えて、漆黒の闇の中を灰色の龍が静かに浮かんでいました。

闇がゆっくりと息を吐くように、次の場面を見せてきました。それは父の船を沈めた大嵐が吹く前日の朝のビジョンでした。私は今朝、出航する父の船を見送りに港へと向かっていました。真夏の朝です。すでに蝉たちが、けたたましく鳴き交わしています。今日も蒸し暑くなりそうです。

港に近づくと、そこここから怒鳴りあう声が、津波のような大波となって押し寄せてきました。ものすごい活気です。それでもこれで、船が帰って来る時の半分程度の賑やかさにしか過ぎません。やはりお宝の山を目の前にすると、人間の強欲な性《さが》が丸見えになります。

父の船は1艘だけですので、港の端っこに停泊しています。私は行き交う人々の中を泳ぐようにして、父の船を目指しました。やっとの思いで父の船に近づけたその時に、私はつぎはぎだらけの汚い上着をまとった腰曲がりの老女にしがみつかれました。私はぶつかった失礼をわびて老女を引き離そうとしましたが、老女は私の腰をつかんで離そうとしません。しきりに「お話があります」と呟いています。

「わかった、わかった。おばあさんの話とやらを聞かせてもらいましょう」

私は老女を抱えるようにして、人混みから離れたカフェへと入りました。

「おばあさん、私にどんな話を聞かせてくれるのですか？」

老女は懐からひび割れた亀の甲羅のようなものを取り出してきて、私の掌の上に置きました。

「おばあさん、これは？」

「亀甲《きっこう》じゃよ。卜占《ぼくせん》せよとの天の声が昨夜、聞こえてきたので、日の出を待って卜占したのじゃ。ただし、これは亀の甲羅などではないぞ。龍の鱗じゃ。龍神様のお告げなのじゃ。今日船出した船は二度と帰ってはこない、と龍神様はおっしゃっているのじゃ。

すべて海に飲み込まれてしまうのじゃ。船乗りもみんな帰ってこないぞ。誰も生き残れない、とても恐ろしい風が吹くんじゃ」

私は少し心配になりました。確かに今朝の風は、いつもの風とはどこか違っているような気がします。何だか悪い予感が私にも朝からしていたのでした。

「それを父に伝えたかったんだ」

私が今朝、いつもより急ぎ足で港に来たのは、その悪い予感が怖かったからでした。

「おばあさん、教えてくれてありがとう」

そう言い残すと、私の足は父の船へ向かって駆け出していました。

父は船長《ふなおさ》と談笑していました。私はゼーゼーと息を切らせながら、老女の卜占のことを父と船長に詳しく話しました。父はどこ吹く風な顔をしてましたが、船長の顔からは思い詰めているのがはっきりと読み取れました。やはり海の男は、こんな些細なことにも敏感なのでした。

「ぼっちゃん、その老女に会えますか？」

船長の言葉に老女のいたカフェの方へと目を細めてみましたが、もう老女の姿は見えませんでした。

「ん?」と、まくり上げた上着の袖を探ってみると、老女が握っていた龍の鱗が入っていました。

「これがその龍の鱗です」

船長は龍の鱗を見つめたまま、何か呪文のようなものを呟いています。さすがの父も真面目な顔つきで、じっと船長を見つめていました。

「今日の出港は取りやめましょう。明日、大嵐に襲われ全滅します」

船長の龍の鱗を握りしめた手が震えています。私は父の顔を見つめました。父は即断しました。

「わかりました。大嵐に備えてください。出港は嵐が去った後にしましょう」

船長は父と固く握手すると、船員たちに出港延期を伝えながら船の中へ消えていきました。

「よく教えてくれた。助かったよ。ありがとう」

父は私の手を握ると、いつもの笑顔に戻って、何事もなかったかのように船を降りていきました。結局、その日、父の船と他の数隻だけを残して大半の船は出港していきました。その夜は、いつもよりは蒸し暑さが増していましたが、満天の星がよく見える穏やかな夜でした。父はいつもと変わらず、お気に入りの酒を飲んで眠ってしまいました。

私は老女のことが脳裏から離れず、いつまでも夜空を見上げていました。

あの老女は誰だったのだろう？　龍の鱗とは一体何なのだろう？　出港を取りやめて良かったのだろうか？　父はどうやってあんなに早く決断できたのだろうか？　本当にこれで良かったのだろうか？　何ひとつ答えが出ないまま、朝を迎えました。

空はどんよりと曇っています。重く湿った風が吹き抜けていきます。海に目をやると、わずかに白波が立っていました。本当に嵐がやって来そうです。父とともに港へと降りてきました。父の船は安全な入江にすべての碇を投げ込んで停泊していました。父が手を振ると、船上のみんなも手を振り返してくれました。

「じきに雨になるな。ちょっと寄って帰るところがある。お前も来なさい」

父は、港を見下ろす小山の頂の小さな神殿の石段を登っていきました。拝殿に着くと、父は姿勢を正してひざまづき、神さまに向かって何度も何度も頭を下げながら、感謝の祈りを唱え続けました。私も見よう見まねで父と一緒に拝み続けました。参拝が終わって、石段を下りながら、父は言いました。

「あの老女は、海の神さまの化身じゃ。船乗りたちは、そのことをよく知っておるんじゃ。龍の鱗がその証。誰も疑うものはおらんはずじゃ。神さまがわざわざ知らせてくれたことは必ず起こる。例え起こらずとも、必ず起こるものじゃ。もし起こらなければ、それは起こると信じて、神さまの意のままに動いたからじゃ。神さまを信じたからこそ、神さまが禍を遠ざけてくださったのじゃ。何事も起こるべくして起こるものじゃ。

大嵐も然り。

神さまの声に耳を傾けるものだけが、禍転じて福となせるのじゃ。質素、素直、勤勉、他利なものほど、神さまの声がよく聞こえるのじゃ。神さまの声をないがしろにしたものたちは、船出していった。そこにも神さまの意図が見て取れる。それはそれで良いんじゃ。ただ我らは神さまに助けられた。それは決して忘れてはいかんぞ」

多くの回船問屋が潰れました。父は船を増やして、10年後には港で1、2を争う大商人になっていました。

私は港の喪が明けた翌年に彼女と結婚しました。父の仕事を手伝いながら、10年後には身代《しんだい》を譲り受けました。商売を競いあう廻船問屋がいなかったので、私の代になっても仕事はとても順調でした。家庭も円満で二男一娘を授かりました。父も母も大往生を遂げることができ、私たち家族みんなで温かく見送ることができました。

私は60才で息子に身代を譲りました。妻との隠居生活も穏やかで、いつも幸せでした。私は75才で妻と子どもたち、孫たちに見送られながら、あの世へと旅立ちました。とても安らかな船出だったのが嬉しかったです。

あの大嵐が去った日から、私は順風満帆な人生を歩んできました。波風ひとつ吹かない凪ぎの人生でした。お金に困ることもなく、人間関係に頭を悩ますこともなく、愛し愛されながら幸せを満喫できた人生でした。私は幸せ者でした。

ビジョンが消えて、再び闇の中に戻っていました。灰色の龍が静かに言いました。

「どれもお前だ。今のお前の中にも、すべて入っておる。いつでもお前は、新たなお前を呼び出せるのだ」

闇の中に、古今東西の偉人たちの顔が浮かび上がってきました。

最後は、蓮の花が見えました。

「蓮の花は泥水にしか咲かない」。それは一瞬の気づきでした。

闇が灰色の龍とともに蓮花の後ろに消えてしまい、私は光明に抱かれていました。

すべてが成就したことがわかりました。

虚空から灰色の龍の声が聞こえてきました。

泥はどん底に溜まっています。

どん底に根を張るからこそ、大輪の美しい蓮花を咲かすことができるのです。

どん底が続くのは、しっかりと根を張ろうとしている証です。

どん底は、人生の大節目にやって来ます。

人生の大節目は、大進化のチャンスです。魚が陸に上がってきたように、獣が二足歩行を始めたように、大きく世界が変わってしまうかのような大進化を遂げるチャンスが到来した証です。

泥水に蓮の種を植えても、種自身が殻を破って発芽しようとしなければ、種は泥水の中で腐ってしまうだけです。

種の必死に生きようとする力が発芽を呼びます。

何があっても生き抜く決意が、人生の大節目での開花を支えます。

どん底が続くなら、それは何かを変えるべき時です。

何かを思い出すべき時です。

それは何かを捨てるべき時であり、何かを受け入れるべき時です。

どん底は、神さまのくれた大進化のチャンスです。

どん底が続くのは、神さまがじっと見守ってくれている証です。

神さまの目でどん底のあなたを見下ろすと、あとちょっとで発芽できそうなあなたが見えることでしょう。

殻を破るのは大変ですが、あなたにはできます。

だからこそ、神々たちがあなたを見守りながら、すんでのギリギリのところで助けてくれるのです。それが宇宙の理であり、天地自然の法則です。どん底の中で、その法則に気づけたならば、初心貫徹でどん底の壁を突き破って、花咲くことができますよ。

＊　＊　＊

２０１８年からの３年間は、すべての過去生も未来生も平行次元も『今この時』の中に完全に収まっています。だからこそ誰もが人生の大節目を迎えて、さまざまな平行次元や未来生に翻弄《ほんろう》されてしまいます。幾多の修羅場をくぐり抜けてきた町工場の社長さんだけあって、この過去生の意味するところをしっかりと見抜いてくださいました。

平行次元を恐れる必要などありません。自由に自分らしく生きられる道を選べば良いのです。どの道を選んでも、龍神は付き従ってくれます。そして、その道が最良になるように奮闘努力してくれます。

「結局のところ、自分の選択を信じ切れるかどうかですよ」と、笑っておられた社長さんの目の奥に百戦錬磨で鍛え上げられた龍神が見えました。人も龍神も二人三脚で成長していくものなのですね。

第七章

龍神覚醒人の祈り術

龍神覚醒人は、祈りをとても大切にしています。

祈りとは感謝です。

天地自然に感謝します。

生かされていることに感謝します。

神々や宇宙に見守られていることに感謝します。

まずは感謝から始まり、感謝で終わるのが龍神覚醒人の祈りです。

願い事も、
天地自然が泰平でありますように
この世の人たちが幸せでありますように
波動を高く美しく保ちたい龍神覚醒人は、我欲やエゴや煩悩とは無縁です。

天皇陛下のように、日々、事あるごとに、人々の平和と安泰を祈ります。

龍神覚醒人は、神々の聖なる力に守られて、宇宙の愛の調べに乗って、天地自然が豊かな恵みを分け与えてくれることを、もう十分に知っているので、「自分に○○して欲しい」とは祈りません。そんな祈りが脳裏を過ぎっても、「あぁ　この地球でちゃんと人間を楽しんでいるんだなぁ」と、微笑みながら自分を許せます。

三次元のこの世はもちろんでしたが、五次元に進化しても、昼と夜が相変わらず繰り返すように、こころの中で光と闇が行き来することを龍神覚醒人たちは知っています。

ただ、もう闇を恐れたり避けたりすることはありません。

闇を許し、闇そのものをあるがままに認め、愛することができます。

やがて闇は、龍神覚醒人を支えてくれる守護神のようになってくれます。

闇を従え、光に愛される龍神覚醒人の祈りは、ただひたすら、この地球が愛の星になることに向けられます。

すでに龍神たちから五次元の地球の様子を見せてもらっている龍神覚醒人には、迷いはありません。自分のやるべきことは、はっきりと分かっています。出会いも仕事も訪れるべき場所も、すべて自分の小宇宙の中にあることが見えているので、不安や心配は皆無です。ですから、もう自分自身のために祈りたいことなど思いつかないのです。

地球に思いを馳せると、地球意識の声が聞こえてきます。

そこに暮らす人々に愛を向けると、人間の集合意識の熱い思いが沸き上がってきます。

宇宙人や地底人や平行次元に暮らす存在たちの波動とシンクロすると、この宇宙が本当に賑やかで、楽しくて、ワクワクすることだらけのパラダイスだ、と気づけます。

龍神たちは、愛の波動から生まれ、感謝の波動で育まれて、喜びの波動を風として宇宙を駆けめぐっています。

あなたも心静かに、愛と感謝と喜びの波動で祈れば、龍神が舞い降りてきて、あなたの中に宿ってくれます。新しい龍神覚醒人の誕生です。

あなたは龍神とともに、五次元の世界をどのように楽しみますか？

龍神覚醒人となったあなたと出会えた人たちは、次々と目覚めていきます。

あなたの後には大勢の龍神覚醒ジュニアが続きます。

やがて、この星の海も大地も空も、龍神たちで満ちあふれます。

地球は愛と感謝と喜びでいっぱいの星になります。

その時、それが龍神覚醒人のあなたの本当の祈りだったことに気づけます。

その時まで、あとわずか……ワクワク＆ドキドキしながら心待ちにしておきましょう。


龍神は神々の使徒です。

龍神は己の主の命《めい》に従います。

三次元では龍神の主は神々でした。人間がいくら龍神を崇《あが》め奉《たてまつ》ても、龍神は見向きもしてくれませんでした。

五次元世界では、神々と私たちは朋友です。私たちが龍神の主となるのです。

五次元の私たちは、龍神に命じます。なぜなら私たちが龍王だからです。

五次元の私たちは、誰もが自分の龍神を連れています。

私たちは龍神にただ命じるだけです。もう龍神への祈りは必要ありません。僕《しもべ》の龍神は、私たちからの命《めい》を喜び勇んで具現化しようと奔走してくれます。私たちは、ただその命じた結果の果実だけを受け取るだけで良いのです。

五次元世界では、祈らなくても平和で安寧です。

五次元世界では、祈らなくても慈愛と感謝に満ちあふれています。

五次元世界では、祈らなくても誰もが笑っていて幸せです。

三次元のような祈りが、この世から消えてなくなった世界が五次元です。

五次元世界では、祈りとは言わず、それを感謝と呼びます。慈愛とも呼びます。

誰もが天翔る龍神の主となった世界……そこは慈愛と感謝と新たなる創造に満ちあふれた無限の宇宙なのです。

●龍神覚醒人の死生観

三次元から五次元へ
地球も私たちも、２０１８年、いきなり五次元世界へジャンプしました。
これは宇宙でも、そうそう起こらない一大スペクタクルだそうです。
一瞬で通過してしまった四次元世界の特徴は、死者が見える、死者と対話できる、死者の世界との合一でした。

当然、五次元の世界でも、死者の世界とこの世とは合一されています。

当たり前のように死者が見えて、話ができる世界です。

五次元世界に移行できた人たちも、まだ三次元だったこの世の感覚のままですので、この死者の世界との合一に気づいている人は少ないでしょう。

亡くなったあの人に会える、話せる、ハグできる、と思えば、いつでもできる状態なのですが、三次元世界のままの「できない」感覚でいる限り、死者の世界とのチャンネルは開きません。


あなたには死が見えていますか？

龍神覚醒人には死が見えています。

五次元世界の住人ですから、当然、死者の世界との合一も楽しんでいます。

三次元世界には、龍神を恐れる人がいました。

龍神を恐れる人は、死も恐れています。

死も龍神も見えない存在だからです。

死を避けている人は、生を避けています。

死が見える人には、生が見えます。

五次元世界の龍王は、龍神を従えています。

龍神は死者の世界も飛翔できます。この世とあの世を自由に行き来できます。だから、龍神を恐れる人には、龍神は恐ろしい死神のように見えるわけです。

龍王が従える龍神は、生死を従えています。生殺与奪ではありません。ただ、生と死をたなびかせて泳いでいるだけです。

生死を従えている龍神は、この世の生老病死の主です。あらゆる富みと支配と権力の権化と化した皇帝や大王ですら、手にすることが叶わなかった不老不死の力を、龍神は持っています。

四次元世界では、死者と話ができます。三次元世界で死の恐怖をあおりながら庶民を支配、搾取してきた支配者層の力はなくなり、庶民は天国と地獄の極楽幻想に気づき、本物の神が見えるようになります。

本物の神さまはどこにいるのでしょうか?

ご神鏡には神さまが宿っていますが、鏡の中を覗くと、そこには自分の姿が映っています。自分と神さまは同じ光だ、ということにご神鏡は気づかせてくれます。

死者を当たり前のように見て、普通に話しすることで生死の境が消えてしまった四次元世界では、誰もが自分が龍王であることにも気づけます。誰かの奴隷に、何かに隷属するのではなく、自分自身が天地自然と宇宙の王であることに気づいた時、四次元は五次元に一瞬にして進化します。

龍神覚醒人は、生と死を超越しています。もちろん死の恐怖や不安、死別の悲しみはありません。

死の恐怖は、すべての不安の根源であり、すべての病の根源です。死者と見《まみ》え、話をし、通じあえば、死の恐怖は消え去ります。すべての病の根源も消え去ります。五次元世界に病がないのは、死の恐怖そのものが消え去ってしまったからなのです。

四次元世界には、まだ死者の世界とこの世の区別は残っていますが、五次元世界には死者の世界はもうありません。龍神の主であり、龍神を使いこなす術をマスターした五次元世界の住人たちは、もう肉体の生老病死を超越しているからです。

魂が肉体を持って生まれたい時に生まれ、死にたい時に死にます。老いや病を体験したければ、五次元世界になっても出来ますが、もうそんな魂はほとんど見かけなくなりました。どの魂も、肉体を持ってこの世を目いっぱい楽しんでいるからです。

このように、龍神覚醒人の死生観には、生も死もありません。死はお日さまが夕日となって沈んでいくようなもので、美しさ、神々しさ、感謝と喜び、あまねく愛を感じるだけです。

拙著『黄泉医学　死に方の極意』は、皆さんに四次元世界へ次元上昇していただくために書きました。

死んで肉体を魂が離れた後、どうすれば良いのか？　何に気をつければ、輪廻転生に落ちずに魂の覚醒を迎えることができるのか？　この世の万病の根源である「死の恐怖」を克服するためには？

執筆中に観音さまやお薬師さま、さまざまな神さまたちが手取り足取りで協力してくださって出版された本です。ですから、神意識や宇宙意識の波動エネルギーが満ちあふれています。

三次元世界から五次元世界へと一気に次元上昇してしまった2018年に出版できたことにも崇高な神意を感じます。三次元から五次元へ、そこに四次元世界を抜きにすることはできません。ホップ・ステップ・ジャンプ！　のステップ役が四次元世界です。四次元世界なしでは、五次元世界へは入れません。

五次元世界には死がないからこそ、死とは何か？　死後の世界とは？　死の先にある神や光の世界とは？　を知っておかないと、龍神覚醒人となって龍神に乗り五次元世界を自由闊達に飛翔することは難しくなります。

『黄泉医学　死に方の極意』の波動を避けてしまう方々は、まだまだ「死の恐怖」を内在しています。２０２１年になっても三次元世界をさまよっている方々です。

『黄泉医学　死に方の極意』が何となく気になった、本に呼ばれたような気がした、まだ読めていないけど、持っているだけで何となく元気になってきた、どん底の先にわずかだけど光明が見えてきた……そんな方々は「大丈夫！」すでに五次元世界の住人になっていますよ。

『黄泉医学　死に方の極意』は、神々から遣わされた五次元世界へ入るための試金石だったのです。

●龍神の住み家

龍神たちは、広大な宇宙を超越したところにある「空と無の世界」に住んでいます。

空と無の世界は、私たちの内なる小宇宙にも内在しています。ですから私たちは、外の宇宙にも、内なる宇宙にも、龍神を見ることができます。どこにいても、どんな状況にあっても、瞬時に龍神を呼び、神々と繫がることができるのは、龍神たちがこの「空と無の世界」を自由に、優雅に行き来することができるからです。私たちの意識も、この「空と無の世界」へ入ることができます。古《いにしえ》より、座禅やヨガ、滝行、瞑想、太極拳などをマスターすれば、この「空と無の世界」を極めることができました。

空と無の世界には、何もありません。光も闇もありません。

自我の意識も宇宙意識もありません。

自我＝自分がない状態って……想像できますか？

慈愛や感謝さえ、ありません。

すべての念が消え去った……というよりは、最初から「無」で「空」の世界です。

何もないのだったら、龍神だって無いはずでしょう？　そのとおりです。

「空と無の世界」に龍神はいません。

でも、龍神は「空と無の世界」に住んでいます。

目の真力を持つ王だけには、「空と無の世界」を泳ぐ龍神たちが見えます。

五次元の世界では、「空と無の世界」が温泉のように湧き出ています。

立ち昇る湯気から舞い上がった龍神たちは、自由闊達に五次元世界を飛翔しています。

どの龍神たちも見事に覚醒して輝いています。

あなたの中にも「空と無の世界」があります。

そして、そこにはあなたの龍神がまどろんでいます。

あなたの龍神を覚醒させるには、あなたが自分の「空と無の世界」へと入り、龍神を目覚めさせなければなりません。

それは誰にだってできる、とても簡単なことです。

あなたの龍神に「おはよう！」と声をかけるだけで、龍神はハッと目覚めてくれます。

龍神覚醒の鍵は、「空と無の世界」にあるのです。

そこは究竟涅槃です。

三次元の世界では、「空と無の世界」へ入るのは、とても難しいと思われていました。

生まれたばかりの赤ちゃんを歩かせるようなものでした。

五次元となった今の世界では、「空と無の世界」は、まるで道ばたに咲く花のように、ごく自然に私たちの心身魂とともにあります。風を感じるように、木漏れ日のキラキラに気づくように、フッと意識を向ければ、そこに「空と無の世界」が広がり、あなたからの命《めい》を待っている龍神が見えます。

龍神覚醒って簡単でしょう?

誰かにやってもらう、教えてもらう、伝授していただく、難行苦行に勤《いそ》しむ、アイテムやグッズでなんとか……龍神に真剣に向き合わないと、龍神は永遠の眠りにつきますよ。

「空と無の世界」に入るには?

?・?・?な方は、もう一度、この本を最初から読み直してください。「空と無の世界」への入口を、この本の中にできるだけたくさん用意しておきました。ひとつでも気づければ、あなたの「空と無の世界」への扉が開き、龍神が目覚めます。

扉が開いた瞬間に、あなたの軸足は五次元世界に立っています。

あなたの龍神は何色でしょうか？
五次元世界を踏みしめれば踏みしめるほど、龍神との会話が弾んできます。
あなたの龍神は、おしゃべり？　おしゃま？　陽気？　哲学的？
あなたが龍神を覚醒させ、あなた色に染めながら育みます。
なぜなら龍神は神の使徒だから。
そして龍神の主《あるじ》はあなただから。
龍神覚醒は、あなたという神を目覚めさせる術なのです。

第八章

三次元世界からの卒業術

龍神覚醒術には、最後に卒検があります。

三次元世界から五次元世界へと次元上昇するために、誰もが突き破らなければならない壁です。三次元世界では、誰もが　①病　②人間関係（愛）　③お金　のどれかで悩み苦しんでいます。ふたつを背負って、もがき苦しんでいる人もいますが、３つとも背負っている人はいません。逆に、ひとつも背負っていない人もいません。誰もがひとつ～ふたつの重荷を背負いながら、人生を喜怒哀楽《きどあいらく》、艱難辛苦《かんなんしんく》しながら生きています。

人生の重荷は、気づきと目覚めをもたらしてくれます。

三次元世界のまま、輪廻転生を繰り返したい魂たちの中で、まだ波動の低い魂は、ひとつの人生に重荷はひとつです。波動が高まってくると、ひとつの人生でふたつの重荷を背負います。

人生の重荷は、魂の研磨剤です。

磨けば磨くほど、魂の波動は高まり、魂の輝きが増します。魂の波動が高まると、背負っていた重荷の蓋を開けて、中から気づきを得ることができます。こうしてひとつの重荷から気づきを得ると、その重荷は人生から消えてしまいます。そして、次の重荷を背負って、人生を歩み始めます。

気づきと学びの繰り返しですから、「地球は魂の学びの学校だ」と呼ばれてきました。

２０１５年頃から、まるで椀子そばの早食い競争のように、次から次へと人生の重荷を背負わされる人が増えています。気づきと学びの会得が早まったのは嬉しいのですが、それまでの平凡な時代ではあり得なかったような、とんでもない重荷をドーンと背負わされてしまう人たちが急増しています。

それは代わる代わる襲いかかってくる３つの重荷のすべてから、とても高度な気づきと学びを早急に会得するように、神々から仕向けられている人たちです。病も人間関係もお金も、これまでの幾多の人生で経験したことがなかったような「どん底」に落とされます。

原因不明で治療困難だとされた究極の霊障病で、寝たきり療養の「どん底」に落ちた人もいます。両親の突然死に兄弟姉妹との絶縁が立て続けに起きたかと思えば、会社の倒産と青天の霹靂な離婚訴訟という「どん底」に落ちた人もいます。医者だから「病」の学びは来ない、資産家だから「お金」の学びは来ない……もありません。「神さま、そう来たか！」な、とても巧妙な手で3つの気づきと学びをクリアさせられるのが、ここ最近の魂の学びの特徴です。

２０１８年に入って、３つの気づきと学びをクリアできた人たちには、三次元世界からの卒業検定が訪れています。３つの気づきと学びが本物かどうか？　ちゃんと生かしているか？　の卒検です。

五次元世界へ入るのは、それほど難しいことではありません。３つの「どん底」で会得してきた気づきと学びが本物なら、誰でも合格できるイージーな卒検です。

三次元のどん底で「そうか！」と気づいた学びを神さまにチラッと見せるだけで合格です。無事に三次元世界を卒業できます。でも、まだ三次元世界を寝ぼけ眼でさまよっている人たちには、油断大敵な卒検です。ひと言でも「でも……」と「だって……」「……だから」を口にすれば、一発不合格で「どん底」へ落とされます。「でも」「だって」「だから」は、三次元世界の核爆弾のスイッチです。一発でそれまでのすべての艱難辛苦の結果を灰燼《かいじん》に帰してしまいます。

あと一歩で治っていたはずの病が、半年前、一年前と同じ病状に一夜で戻ってしまいます。奇跡的な出会いで結ばれた魂の伴侶との間を、一瞬にして千尋の崖谷が隔ててしまいます。お金の主となり、お金への隷属《れいぞく》から自由になっていたはずなのに、急に通帳の残高が気になり、不安と恐怖に飲み込まれます。

あの「そうか！」は、どこへ行ってしまったのでしょうか？

三次元核爆弾の「でも」と「だって」と「だから」を繰り返す人たちは決まって、「人を○○できない」と言います。人を愛せない。人を信じられない。人を許せない。人の有《あ》り様《よう》を認められない。その上、「人から○○されたい」欲求がとても強いです。みんなから愛されたい。人から信じられたい。人から許されたい、認められたい。

光さん（神々やハイヤーセルフなど）は、いつもこう言って一刀両断に切り捨てます。

「まず自分を○○しなさい」

宇宙は愛そのものです。五次元世界は、慈愛と感謝の世界です。「まず〜しよう」は「そうか！」を生み出します。まず自分を愛することから、すべてが始まります。自己中、自分本位になって、初めて「王の目の真力」を手に入れることができます。

「そうか！」が息を吹き返して、眩しい光を放ち始めてくれます。

「そうか！」の瞬間、三次元世界とは全く違う方法や発想の上にいます。

「そうか！」と気づいたら、別の平行次元の自分に乗り移っています。

五次元世界で龍神の主となった自分になっています。五次元波動の人には当たり前で、飛び石を跳ねるように楽しい「そうか！」なのですが、三次元世界に残る人たちは、なぜかこれを拒絶して諦めてしまいます。

三次元世界からの卒検問題には、必ずこの「まず◯◯しよう」「そうか！」が出ます。

「でも」「だって」「だから」では、一発落第です。

龍神覚醒術のキモは、ここにあります。

２０１８～２０年の３年間を、この地球上で過ごすチャンスをいただいている人たちは、誰もが龍神覚醒して五次元世界を楽しめるはずです。もちろんこの本を読んでしまったあなたは、早々に五次元世界の住人となるべき人です。

あなたの魂の輝きを目印にして、後から多くの人たちが、あなたが切り開いた道を登って来ます。「そうか！」「そうか！」と言いながら、五次元への覚醒道を登ってきます。

みんな、色とりどりの龍神を従えて、登って来ます。

五次元から登って来る人たちに声援を送っているあなたは、誰をも愛せる人になっています。すべてを許して、すべてを認めて、すべてを信じられる慈愛と感謝の人になった未来の自分自身を見つめてみましょう。

ふっと「ニコッ」と視線を感じれば、そこにあなたの龍神が待っていてくれていますよ。

「そうか！　これが私の龍神なんだ！」

五次元世界での最初の気づきの瞬間です。

さぁ　あなたの龍神さんは何色かな？

五次元の龍神世界へようこそ！

龍神覚醒したあなたは、すでに五次元の世界にいます。

三次元の世界とどこが違うの？　最初は誰でもそう思います。

２０２０年の終わりまでは、まだまだ三次元優位のハイブリッド状態ですので、自分の五次元意識スイッチをカチッと入れないと、五次元を認識したり、楽しんだりはできません。

２０２１年からは、五次元優位が始まります。11年間かけて、見えている＆暮らしている世界が次第に五次元優位に変容していき、２０３２年には完全に五次元世界となっているでしょう。

スイッチを入れれば、あなたの龍神が見えます。話もできます。触れることもできます。

龍王として命じれば、あなたの龍神が想念を具現化してくれます。

龍王の天命成就のために、奮闘努力を惜しまず働いてくれます。

龍王の不老長寿のために、心身魂を絶えず浄化してくれます。

世界中を飛翔して、めぐり会うべき龍王の伴侶との縁《えにし》を結んでくれます。

神々と天地自然と宇宙とあなたの間のメッセンジャー役も、もちろん欠かしません。

とても有能な秘書である龍神は、あなたに数々の幸せをもたらしてくれます。

あなたの慈愛と感謝がますます深まり、五次元世界に行き渡るように、万全を来してくれます。

それが龍神の最大の喜びでもあるからです。

龍神の喜びは、神々の喜びでもあります。天地自然の、宇宙の喜びでもあります。

喜びはめぐりめぐって、あなたの喜びともなります。

五次元世界をめぐる喜びが、どんどんと大きく美しく眩しくなっていきます。

笑顔が、喜びと幸せが、慈愛と感謝が満ちあふれる世界が五次元の龍神世界です。

そこは、龍神覚醒したあなたが主役の世界です。

さぁ　来たるべき五次元の龍神世界を思いっきり楽しみましょう！

●IT企業の社長をしている現在生

並里武裕

わたしは、仙台市のインターネット・サービス・プロバイダ、株式会社スピーディアの社長をしています、並里武裕と申します。

肉体の出身は沖縄で、魂の出身は「はと座」。かのオリオン大戦も魂として経験しました。ときどきネガティブ陣営の方々とも共鳴してしまうのは、その名残と思います。

いろんな惑星をまたいで、転生は3000回くらいでしょうか。

ときどき昔の自分の姿が、老婆、若者、黒人、白人、黄色人種、戦士、入れ墨だらけの体など、さまざま民族衣装でフラッシュバックします。まれにヒト型生物ではなかったころ、ゾウみたいな青みがかった分厚い皮膚をしていたころ、昆虫の関節のような二本指があったころ、それどころか生物でさえなく鉱物として地中に埋まっていたころ、宇宙のチリとして何億年も漂っていたころ、などがよみがえることも。

宇宙空間でなにものとも一切の関係をもたず、空間も時間も次元も超越して浮遊していたころは、特になつかしく感じます。いわゆる「無の境地」って、あの「ただ存在しているだけ」という状態への郷愁かもしれません。

すべては、奥山医院の一室からはじまりました。

飯田史彦先生の名著『生きがいの創造』シリーズで、わが国を代表する退行催眠の大家、奥山先生のことを知って訪問。「光の前世療法」を受けることにしたのです。

当時わたしは新規事業に失敗し、３億円を超える借金を抱えていました。会社の業績は最悪。アップダウンが激しいので、社員が入っては辞めていくことを繰り返し、銀行へも返済ができずにリスケの真っ最中。

「なぜ自分はこんな目にばっかりあうのか？」

「なぜ、社員がどんどん辞めていくのか？」

「なぜ、なぜ……？」という出口のない迷路をさまよっていました。

退行催眠で出会った過去生は、アフリカの小さな村落の子どもでした。

勇敢で聡明な部族長の父と温和な母のもとで愛情いっぱいに育てられたわたしは、青年となり、父親ゆずりの資質を開花させていきます。次第に部族全体の支持を得て、跡を継ぎました。しかし、です。若かったわたしは、浅慮にも数人の仲間と軽装で遠出をしてしまい、待ち伏せに。腹を槍で刺され、あっさりその場で殺されてしまいました。もちろん、仲間たちも。村落は悲惨でした。食料事情がきびしい時代。もともと近隣部族との抗争は激しく、リーダーを失った村は、あっというまに戦禍へ巻き込まれ、略奪、殺戮、暴行の後に全滅します。もちろん、わたしの妻子も含めて。

腹を刺され遠のいていく意識の中で、わたしにはすぐにその結末の予想がつきました。

無念でならない。

わたしを信頼し、ついてきてくれた人々を救えなかった。

浅慮が悔やまれてなりません。深い、深い、無力感と絶望感がわきあがってきました。

しかし……です。そのとき、気づいたのです。腹を刺した人物Fが、現在当社コールセンターで働いていることを。妻は幹部A。子は役員をしているNではありませんか。

「あれ？　みんな、いまいるじゃん。」

そう、はるか太古の昔からわれわれは輪廻転生を繰り返し、チームで配役を変えては学び、楽しんできたのです。バーチャル・リアリティならぬ、リアル・リアリティーの世界で。

この仕組みを身をもって体験してから肩の力が抜け、気持ちが軽くなりました。

「現在の今生だけがすべてじゃない。過去、いくつもたのしんできたように、今回もまた楽しめばいいんだ！」って。

われわれの本質は肉体側ではなく、エネルギー生命体の側にある。

意識こそすべて。意識こそ、命の本質なのです。

思念によりあらゆることが可能なあちらの世界には、悲しみも、苦しみも、悩みも、不安も、嫉妬もない。

心を通じ合えないとは、どういう感覚なのか？　先が見えないとか、願ってもかなわないことがあるなんて、いったいどういうこと？　利己的な愛なんて、存在しえるのだろうか？　われわれはそうした感覚／感情を肌で感じ、学び、なによりエンジョイするために来た。それを思い出したのです。

「原因は、この世界だけがすべてだと思い込み、自分の本質を忘れ、今生のことに没頭しすぎていたわたしにあったんだ。」

命の本質に則すべき。わたし／あなたの区別などなく、皆でたのしむべき。

確信したわたしは、つぎつぎと手を打ちはじめました。最初にやったのは、待遇改善。一般に、企業は数値目標を定めます。今期の売り上げ目標はいくらで、利益はいくらで、と。その後、部門ごとに必要な数字が割り当てられ、それがさらにチームや個人のノルマとして落とし込まれる。昇給や賞与ＵＰは、それが達成されたあとではじめて、「努力の成果給」として与えられる。

たいていの場合、このやり方はうまくいきません。

毎月毎月、社長以下みんなでよってたかって「まだ達していない、まだ達していない」と、ひんぱんに未達の数字にフォーカスしていくわけですから、ご希望通り「未達という現実」が創造されることに。願いがかなわないのではなく、願い方を間違えているので、間違った現実がかなえられてしまっているのです。

そこに気づいたわたしは、先に賃上げと賞与の増額を行いました。

「すでに豊かな現実創造はなされた。これからは、さらなる豊かさを追体験していきましょう」と、目標を「予算＝まだ達成されていない現実」ではなく、すでに達成された後の「余韻＝プロセスを最大限たのしむ」ということに変更したのです。

福利厚生も充実させていきました。

社内ポイント制度を導入。きれいにお掃除されてたら3000ポイント、上司面談に参加したら500ポイント、イスをバランスボールに変えて体幹を鍛えたら30000ポイント、親孝行をしたら2000ポイントなど。サンクスカードも100ポイントにして、感謝とその対価が社内を循環する仕組みにしました。

月一回の表彰では、社内ガチャを回します。そう、あのガチャ。カプセルの中には、ホテルの温泉入浴券、映画観賞券から定番のタワシ券まで（笑）。ゲーム感覚で楽しめます。回すときに入れる100円は、景品交換ショップ（3割の利益を乗せるルール）の収益と合わせ、子ども食堂へ寄付。社員たちがみな、「自分は社会のために役立っているんだ」という実感を持てるようにしたのです。

並行して、バシャールや並木良和、飯田史彦、エイブラハムの引き寄せシリーズなどの読書会を、毎月1回実施。わたしはあれを引き寄せた、けどこれも来ちゃったなど、みなで大笑いしながら勤務中にたのしんでいます。

資金繰りがきびしいなか、会社にとってはかなりの負担でしたが、わたしには確信がありました。遠回りなように見えるかもしれないけれど、これが最短ルートである、と。

事実、その通りでした。業績は回復し、年商は9億円↓12億円↓17億円と急成長を開始。今期は20億円越えを目指しています。２０１８年冬のボーナスは、東証一部上場企業の平均額を超えました。単なる地方の、一中小企業にすぎないのに。

最大の原動力は、社員の能力開発でした。わたしは、社員たちにも「覚醒」をうながしていったのです。

まず、役員全員を奥山医院へ送り込み、「光の前世医療法」を受けてもらいました。実体験は、おぼろげな伝聞を「確信」に変えてくれます。一般社員に対しては、毎年の宿泊研修で大広間に雑魚寝し、先生からいただいた音声ファイルを使い、集団で退行催眠を実施。１／４くらいは、放浪していたころ、中世のお城にかかわっていたころ、江戸時代の漁村にいたころなど、なんらかの経験をえられたようです。

つぎに「わくわくリスト」を作成。

やってみたいことを50個くらい書き出します。みんなたのしそう。だって、どこに旅行しようとか、あれ買ってみようとか、好き放題妄想するわけです。（笑）もうそこから、ポジティブな現実創造ははじまっている。

リストができたら、実行しやすそうなものから、スケジューラーに「毎月1個、実行する日」を年間計画として入れます。日程調整などせず、先にえいやで登録してしまうのです。すると結界が張られ、なぜかその前後は仕事が入らない。

ヘミシンクも併用しました。CDを聴きながら深い変性意識に入って不安を取り除き、愛で満たしていくワークを実施。なぜこれを最初にやったというと、「不安」は豊かな現実創造の最大の障壁となるからです。

人は不安があると、備えようとします。未来のために今をがまんして苦しんだり、傷つかないよう防御壁を高くしたり。本能ゆえ、強固なわりに本人には自覚がないことも多い。こうした状況下では、なにを言っても素直に受容できません。

そのあと、おなじくヘミシンクで深い変性意識に入った状態で、なりたい自分をリプログラミングしていくワーク、チャクラを開くワーク、直感を鋭くするワークなど、無尽蔵の活動エネルギーを手に入れるワークなど、多様なトレーニングを実施。その中には、未来を予測したり、リモートビューイング、意識で物理的な変化を生起させる、い

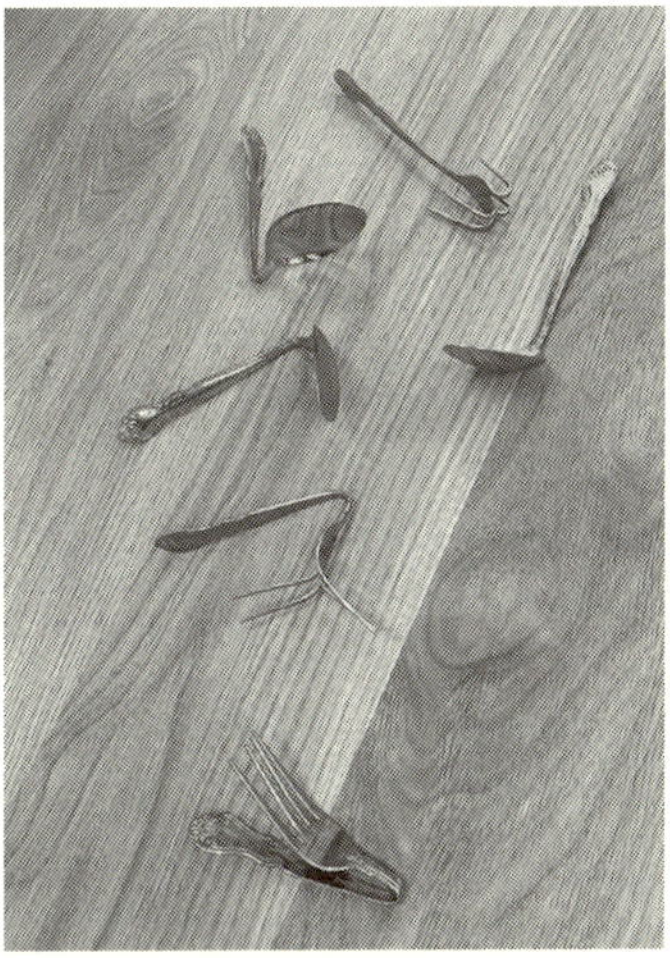

わゆるスプーン曲げの練習も含まれています。

企業というものは、大排気量の社長エンジンが一つしかない状態では、疲れます。眉間にしわを寄せ、いつも社長が大声を張り上げ、叱咤激励して組織全体を引っ張っている。おそらく、大なり小なり、中小企業の実態はそんな感じではないでしょうか。これでは、社員が仕事をたのしめるはずがない。

しかし、小排気量かもしれないけれど、社員たちみんなが一個一個のエンジンを稼働させられるようになると、劇的な変化が起こります。

現場で考え、現場で改善し、現場で自己成長がはじまっていく。特にリーダーたちが、まだ問題が起こってもいない段階から神がかり的に適切な手（「なんか気になるから、ちょっと見ておこう」など）を打てるようになると、手間が急減します。トラブルが発生してから収束対応をしていくのと、未然に防ぐ処置を事前にするのとでは、コストも時間も雲泥の差。なにより、精神衛生が非常によくなり、組織全体が明るくなる。そしてそれがまた、「あっちも気になるから、ちょっと……」という気を起こさせ、プラスの現実創造がどんどん加速していくわけです。

　２０１８年末時点で、当社は正社員36名、パート／アルバイト15名ほどの小さな会社です。保有契約数は、アクティブ・アカウントで43万件。これを今後５年間で１００万契約まで増やし、システム開発やデータセンター、保守なども入れて、最終的には年商１００億円を目標にしています。２０１９年２月には、仙台駅前のＬ

ＯＦＴ内に、スマホの修理ショップの当社1号店もオープンさせました。これから、わたしも社員たちも、さらに豊かに、さらに幸せになっていく予定です。

＊　＊　＊

豊かさも幸せも、すでにそこに、あまねくある。

たしかに一部のお金持ちが独占している事実はありますが、お金がまわっているその回転自体は、普遍的に存在します。その輪に入れるかどうか、ということなのです。

多くの経営者は、人力でそれに入ろうとするので、苦労や我慢や計画や管理が必要となり、しんどい思いをする。

しかし重要なのは、「シャカリキ」の方です。がむしゃらという意味ではありません。経営者が覚醒し、人智を超えたアプローチに身をゆだねる覚悟を決めた瞬間、宇宙からのサポートを受けられるようになる。これからの経営に必要なのは、この「シャカリキ」

の方なのです。

シャカリキにはコツがあります。まずは経営者が、意識とライフスタイルの転換を行うこと。

①早寝早起き
②粗食／小食
③毎朝の瞑想
④思いついたら即書き留め、即実行（左脳で判断しない）
⑤ご縁のある方々みんなと輪を作り、みんなで回す
⑥自然に親しむ
⑦つねに「波動」を意識する

最初はピンとこないかもしれませんが、徐々に「思いつく」場面が増えるでしょう。

そしてそれは、自分が思いついているのではなく、「思いつかされているんだ」、とわか

るようになる。自分はインスパイアされているのであり、インスパイアする側とされる側が二人三脚で人生を歩むことがシャカリキなんだ、と。

はじまると、早いですよ。「飛び級」「棚ぼた」の世界ですからね。スプーンまで曲がっちゃうし。（笑）

まずは社長が「覚醒する」と決心すること。すべては、そこからです。

Ｈａｖｅ　Ｆｕｎ！

【参考図書】

『わたしは王』金城光夫　ヒカルランド　２０１８年
『目の真力』金城光夫　ヒカルランド　２０１８年
『ほら　起きて！　目醒まし時計が鳴ってるよ』並木良和　風雲舎　２０１５年
『みんな誰もが神様だった』並木良和　青林堂　２０１８年
『愛でメシが食えるかって？　愛でこそ食えるんだよ』金城幸政　廣済堂出版　２０１８年
『新装版　タオの法則　老子の秘技「悦」の活用法』千賀一生　ヒカルランド　２０１８年
『タオ・コードー老子の暗号が語り出す　性の五次元領域から迸る秘密の力』千賀一生　徳間書店　２００９年
『男は女を知らない　新・スローセックス実践入門』アダム徳永　講談社　２０１７年
『もっと愛されるために』アダム徳永　ＷＡＶＥ出版　２０１８年
『タマシイはひたすらびっくり体験とわくわくアイデアだけを求めてあなたにやって来た！』池川明／長堀優　ヒカルランド　２０１８年

『セックスレスでもワクワクを求めてどんどん子宮にやってくるふしぎな子どもたち』池川明／咲弥　ヒカルランド　2018年
『次元進化した人々の暮らし　インナーアースとテロス　空洞地球に築かれた未来文明と地底都市』ダイアン・ロビンス／ケイ・ミズモリ　ヒカルランド　2018年
『「食べない」ひとはなぜ若い？：空腹でオン！「長寿遺伝子」の驚異』船瀬俊介　ヒカルランド　2018年
『菜食で平和を！』船瀬俊介　キラジェンヌ　2016年
『できる男は金を呼ぶ！　金を使うな　頭を使え』船瀬俊介　主婦の友社　2016年
『世界中の長寿郷に学ぶ　健康寿命120歳説』船瀬俊介　三五館　2016年
『老けない人の免疫力』安保徹　青春出版社　2017年
『無病法』ルイジ・コルナロ　PHP研究所　2012年
『食べない健康法』石原結實　PHP研究所　2012年
『医者いらずの「ニンジンジュース」健康法』石原結實　PHP研究所　2007年
『脳を最高に活かせる人の朝時間　頭も心もポジティブに』茂木健一郎　すばる舎　2013年

『科学がひた隠すあらゆる生命活動の基板　超微小生命体ソマチットと周波数　宇宙神秘の核心に超接近するAmazing Science』増川いずみ　ヒカルランド　２０１７年
『人間は、治るようにできている（長生きしたければ、薬を飲むな）』福田稔　マキノ出版　２０１３年
『明るいチベット医学　病気をだまして生きていく』大工原弥太郎　情報センター出版社　１９８８年
『生きがいの創造』飯田史彦　ＰＨＰ研究所　２０１２
『生きがいの催眠療法』飯田史彦・奥山輝実　ＰＨＰ研究所　２０００年
『前世物語』奥山輝実　牧歌舎　２００５年
『前世療法ハンドブック　過去生退行催眠療法がわかる74のツボ』奥山輝実　牧歌舎　２００４年
『前世療法へようこそ』奥山輝実　ＰＨＰ研究所　２００５年
『前世療法』ブライアン・ワイス　ＰＨＰ研究所　１９９６年
『魂の伴侶　ソウルメイト　傷ついた人生をいやす生まれ変わりの旅』ブライアン・ワイス　ＰＨＰ研究所　１９９９年

【著者プロフィール】

奥山輝実　Terumi Okuyama

1957年酉年　七赤金星　大阪生まれ

府立茨木高校、関西医科大学卒業。在学中にプラトンをはじめとするギリシャ古典哲学にふれる。関西医大脳神経外科に入局し、脳外科医として研鑽のかたわら、同教室の故・松村浩教授のもとで漢方医学と心療内科を学びながら、日本脳神経外科専門医、日本東洋医学専門医（現：漢方専門医）を修得した。

1996年、大阪府門真市で奥山医院を開業し、心療内科治療としての前世療法やアーユルヴェーダなどを含む東洋医学診療を併用した総合診療科を始める。

2000年春より日本で初めてとなる「光の前世療法」を開始し、2018年末までにのべ8000人以上の方々の「生きがいの創造」「難病奇病の治療」のお手伝いをしてきた。

2011年より藤本蓮風先生に鍼灸を師事し漢方治療に鍼灸を加えた。2015年、吉川正子先生から陰陽太極鍼を直接伝授された。

２０１４年11月に門真の奥山医院を類焼で焼失し、２０１６年1月から大阪心斎橋で奥山医院を再開した。２０１７年末、還暦を迎えたのを機に脳外科専門医を返上して、自然医学医として、食養生と生活養生、尿療法、波動量子医学を指導すると共に、漢方鍼灸氣功を実践研鑽し続けている。

２０１６年から自らも一日1食の少食療法と尿療法を行って２０ｋｇのダイエットに成功している。

２０１８年5月「霊障医学」をヒカルランドから出版し、長年、霊障病で苦しんでいた患者さんたちの診療に当たっている。

２０１８年１０月「黄泉医学」をヒカルランドから出版し、世界初となる死後の世界を含めた超時空スピリチュアルケアを始めた。

２０１９年4月、大阪鴫野へ奥山医院を移転し、自然医学中心の診療を行っている。

並里武裕　Takehiro Namisato
１９６７年9年　六白金星　沖縄生れ
株式会社スピーディア　代表取締役社長

１９９２年東北大学卒業、同大学院博士課程修了。

日本学術振興会特別研究員を経て、２０００年より株式会社アイティプロジェクト取締役ＣＴＯ。

２００１年独立し、株式会社スピーディアを設立。宮城エンジェルズフォーラム理事。宮城県インターネットサービス協会副代表理事などを歴任。

龍神覚醒術

2019年　8月　23日　　第1版第1刷発行
2022年　10月　4 日　　第1版第2刷発行

著　者　奥　山　輝　実
並　里　武　裕

発行者　高　橋　考
発行所　三　和　書　籍

〒112-0013　東京都文京区音羽2-2-2
TEL 03-5395-4630　FAX 03-5395-4632
sanwa@sanwa-co.com
http://www.sanwa-co.com

印刷所／中央精版印刷株式会社

ISBN978-4-86251-390-8　C0095

三和書籍の好評図書

Sanwa co.,Ltd.

平和の実践叢書 1

自分がされたくないことは人にもしない

グローバル公共倫理

王　敏 編著　四六判　並製　440 頁

定価：3,200 円＋税

● 1975 年、当時の現職首相であった福田赳夫と西ドイツ元首相ヘルムート・シュミットは、歴史の教訓に学んだ平和倫理を確立するため、インターアクションカウンシル（通称 OB サミット）を主導した。それが福田康夫元首相に引き継がれ、黄金律である「己所不欲、勿施于人」が「世界人類責任宣言」として採択され、世界に向けて発信された。本書はその平和実践ワークショップの記録である。

平和の実践叢書 2

嵐山の周恩来

日本忘れまじ！

王　敏 著　四六判　並製　300 頁

定価：2,200 円＋税

●周恩来が 1919 年、日本留学を終え、帰国する前に京都の名勝地・嵐山を雨中にかかわらず探訪した。桜が咲き乱れる４月５日のこと。これは再度の嵐山訪問であった。２回も嵐山に赴いた理由を探るため、筆者は嵐山の人文的地理的背景を考察してみたところ、日中文化の交じり合う点と線を見つけた。それは日本の禹王・治水の角倉了以と、禅師の隠元と高泉が絡み合っていた。

フリーメイソンの歴史と思想

「陰謀論」批判の本格的研究

H・ラインアルター 著　増谷英樹＆上村敏郎 訳・解説

B5 変形　並製　131 頁　定価：2,000 円＋税

●本書の著者、ラインアルター氏は「フリーメイソン運動は現在も世界的な“反メイソン主義”や誹謗中傷、様々な陰謀理論の攻撃の中心的標的となっている」と認識している。そうした攻撃に対してフリーメイソン運動の真の目的、歴史を明らかにし、特にフリーメイソンに加えられてきた陰謀論がどのように成立してきたかを詳細に分析しているのが本書である。